乡村振兴中的金融支持研究

张长立　沈鹏飞　周颖洁　熊亚超 / 著

中国矿业大学出版社
· 徐州 ·

图书在版编目(CIP)数据

乡村振兴中的金融支持研究 / 张长立等著. —徐州：中国矿业大学出版社，2022.11

ISBN 978-7-5646-5653-9

Ⅰ. ①乡… Ⅱ. ①张… Ⅲ. ①农村金融—金融支持—研究—曲靖 Ⅳ. ①F832.35

中国版本图书馆 CIP 数据核字(2022)第 222275 号

书　　名　乡村振兴中的金融支持研究
著　　者　张长立　沈鹏飞　周颖洁　熊亚超
责任编辑　姜　翠
出版发行　中国矿业大学出版社有限责任公司
　　　　　　(江苏省徐州市解放南路　邮编 221008)
营销热线　(0516)83885370　83884103
出版服务　(0516)83995789　83884920
网　　址　http://www.cumtp.com　**E-mail**:cumtpvip@cumtp.com
印　　刷　广东虎彩云印刷有限公司
开　　本　710 mm×1000 mm　1/16　**印张** 11.75　**字数** 205 千字
版次印次　2022 年 11 月第 1 版　2022 年 11 月第 1 次印刷
定　　价　52.00 元

前言

Preface

实施乡村振兴战略是城乡协调发展的重要途径，也是建设现代化经济体系的重要支撑。《中共中央 国务院关于实施乡村振兴战略的意见》明确强调，实施乡村振兴战略，是决胜全面建成小康社会、全面建设社会主义现代化国家的重大历史任务，是新时代“三农”（农业、农村和农民）工作的总抓手。该文件特别指出，实施乡村振兴战略，必须解决钱从哪里来的问题。要健全投入保障制度，创新投融资机制，加快形成财政优先保障、金融重点倾斜、社会积极参与的多元投入格局，确保投入力度不断增强、总量持续增加。党中央的决策部署为农村金融改革创新指明了方向，提出了更高要求，为农村金融改革发展带来了更多机遇。

金融作为乡村振兴战略的动力引擎，在发展农村经济、提高农民收入等方面发挥着重要作用。中国经济发展至今已经具备金融支持农村经济发展的条件和要求，社会生产力发展水平和国民经济整体水平的提高为农村金融发展奠定了客观基础，基于现有条件实施农村金融具有较好的发展前景。

本书以云南省曲靖市乡村振兴中的金融支持为研究对象，运用现代金融发展理论、农村金融理论、不完全竞争市场理论和新公共服务理论等，具体分析了乡村振兴中金融支持的必要性以及农村金融改革的方向；通过实证研究，得出了乡村振兴和金融支持相互作用的影响因素；同时，借鉴国外金融支持乡村振兴的经验，提出了完善乡村振兴中金融支持的路径选择。

本书的出版得到了中国矿业大学教务部教改项目以及公共管理学院（应急管理学院）学科建设的支持，在此表示感谢。同时也衷心感谢中国矿业大学出版社对本书出版的辛勤付出与帮助。书中参考了许多学者的成果，在此一并致谢！受团队水平所限，书中疏漏之处在所难免，敬请读者批评指正。

著　者

2022 年 3 月

目录 Contents

第 1 章　绪　论 …… 1

1.1　研究背景与研究意义 …… 3

1.2　国内外研究现状及评析 …… 9

1.3　研究思路与基本框架 …… 18

1.4　研究创新之处与研究难点 …… 21

第 2 章　乡村振兴与金融支持的相关概念及理论基础阐释 …… 23

2.1　乡村振兴与金融支持的相关概念 …… 25

2.2　乡村振兴与金融支持的理论基础阐释 …… 32

2.3　金融支持对乡村振兴的必要性 …… 39

第 3 章　新中国成立以来农村金融发展的历程及现状 …… 47

3.1　新中国成立以来农村金融发展的历程 …… 49

3.2　农村金融发展的现状 …… 55

3.3　农村金融发展的困境 …… 62

第 4 章　云南省曲靖市金融支持乡村振兴实证研究 …… 69
4.1　云南省曲靖市乡村振兴综合指数计算 …… 72
4.2　农村金融政策强度评估 …… 77
4.3　基于灰色关联度的金融支持乡村振兴分析 …… 78
4.4　相关建议 …… 81

第 5 章　国外金融支持乡村振兴的经验借鉴 …… 83
5.1　日本乡村发展与金融支持概况 …… 86
5.2　德国乡村发展与金融支持概况 …… 93
5.3　日本与德国金融支持乡村振兴的经验启示 …… 95

第 6 章　完善乡村振兴中金融支持的路径选择 …… 103
6.1　明确产业振兴与乡村振兴的关系 …… 105
6.2　理顺政府与市场的关系 …… 107
6.3　加强金融工具与乡村振兴的耦合性 …… 111

第 7 章　结　语 …… 121

附录 1　中共中央 国务院关于实施乡村振兴战略的意见 …… 127

附录 2　中共中央 国务院关于实现巩固拓展脱贫攻坚成果同乡村振兴有效衔接的意见 …… 151

附录 3　中国人民银行 银保监会 证监会 财政部 农业农村部关于金融服务乡村振兴的指导意见 …… 165

参考文献 …… 177

Chapter 1

第1章 绪论

农业农村农民问题是关系国计民生的根本性问题，实施乡村振兴战略，是解决人民日益增长的美好生活需要和不平衡不充分的发展之间的矛盾的必然要求。本章从研究背景、研究意义、国内外研究现状、研究思路和研究的创新点、难点等角度出发，详细论述了乡村振兴中金融支持的重要作用。

1.1 研究背景与研究意义

1.1.1 研究背景

1.1.1.1 乡村振兴战略的提出

我国是农业大国。农业农村农民问题是关系国计民生的根本性问题，必须始终把解决好“三农”问题作为全党工作重中之重。2020年，习近平总书记在中央农村工作会议上强调，脱贫攻坚取得胜利后，要全面推进乡村振兴，这是“三农”工作重心的历史性转移。这为做好新发展阶段的“三农”工作、解决好“三农”问题提供了根本遵循。农业与农村发展的现代化是我国国民经济现代化的重要组成部分。改革开放40多年以来，我国农业与农村的发展虽然有所成就，但其基础差、底子薄、发展滞后的状况未得到根本改变。大部分农村地区的经济得以发展，福利水平得以提高，但也有个别农村地区的贫困状况并没有明显好转。可以看到，经济社会发展中最明显的短板仍然在“三农”，现代化建设中最薄弱的环节仍然是农业、农村。这主要表现在：农产品阶段性供需矛盾突出，农村供给质量和效益亟待提高，农村一二三产业融合发展深度不够，农民适应生产力的发展和市场竞争能力不足，农村人才匮乏，各类农村居民规模巨大但现代职业农民数量不足，①农村基础设施建设依然滞后，农村环境和生态问题比较突出，乡村发展整体水平亟待提高，农村民生领域欠账较多，城乡基本公共服务和收入水平差距依然较大，脱贫攻坚任务依然艰巨，国家支农体系相对薄弱，农村金融改革任务繁重，城乡之间要素合理流动机制亟待健全，农村基层基础工作存在薄弱环节，乡村治理体系和治理能力亟待强化等方面。党的十九大报告提出，要按照产业兴旺、生态宜居、乡风文明、治理有效、生活富裕的总要求，建立健全城乡融合发展体制机制和政策体系。我国乡村发展离这一总要求还有一定距离。

对于云南省而言，在西部大开发战略背景下，云南省通过加快实施面向

---

① 苟安经.新时代我国的“三农”问题与应对策略[J].农业经济，2018(9)：26-28.

西南开放重要桥头堡的战略部署和滇南中心城市核心区建设等重大项目，着力推进农业产业化，不断加大基础设施、产业培植、新农村建设等方面的投入，农业经济持续健康快速发展，社会发展迈出新步伐。“十三五”期间农业基础设施条件得到明显改善，农业科技和物质装备水平不断提高，农业综合生产能力稳步提高，可持续发展能力显著增强。第一产业增加值由2015年的2 056亿元提高到2019年的3 038亿元，全国排名由第14位提升到第11位。菜篮子、果盘子产品品类丰富、供应充裕、价格平稳，有效满足了省内外供给。[①] 同时，存在的问题有：① 农业基础设施薄弱，病虫害现象严重。经多年修建农田水利，已基本建成骨干、枢纽水利设施，但是田间地头连通工程仍不完善，农田用水难的现状仍未得到很好改善；云南省的农业机械化投入力度不足，农业基础设施建设仍很薄弱。此外，实蝇、蚜虫、粉蚧、干腐病、褐斑病和枯萎病等病虫害现象严重，给农业生产造成了严重危害。② 农业产业化程度低，组织化程度较低。云南省农产品市场占有率较低，生产管理模式仍处于粗放式阶段，且三产之间联动程度不高，深加工大流通格局未形成，农业产业化程度低。农村新型经营主体弱小且分散、农业组织化和规模化程度较低、农产品市场体系和农民合作经济组织发展滞后等困难和问题，是云南省农业经济发展中明显的桎梏。③ 缺乏龙头企业带动、发展任务艰巨。云南省农业企业数量较少，缺乏大型的龙头企业的带动，农业输出的多为初级产品，而出口产品和深加工产品少，新型经营主体的载体功能和科技龙头作用尚未得到有效发挥。对于曲靖市而言，全市“三农”工作还存在一些困难和问题，主要表现为“三低一不足一滞后”。“三低”：一是农民收入相对较低，二是农业产业化经营水平低，三是农民总体科技文化素质偏低。“一不足”：农村投入严重不足。“一滞后”：农村社会事业发展严重滞后。

1.1.1.2 国内外发展形势

就国外形势而言，全球经济复苏态势有望延续，国际农产品贸易不稳定性、不确定性仍然突出，提高我国农业竞争力、妥善应对国际市场风险任务紧迫，我国充分利用国际和国内两个市场资源的空间应进一步拓展。我国是人口大国，粮食以及重要农产品的需求仍将刚性增长，保障国家粮食安全

① 来源于云南省人民政府网站。

始终是头等大事。

就国内形势而言，2017年党的十九大报告首次提出实施乡村振兴战略。2020年，在中央农村工作会议上，习近平指出，要牢牢把住粮食安全主动权，粮食生产年年要抓紧。要严防死守18亿亩耕地红线，采取“长牙齿”的硬措施，落实最严格的耕地保护制度。同时，提出民族要复兴，乡村必振兴。这是以习近平同志为核心的党中央着眼党和国家事业全局，深刻把握现代化建设规律和城乡关系变化特征，顺应亿万农民对美好生活的向往，对“三农”工作作出的重大决策部署，既是决胜全面建成小康社会、全面建设社会主义现代化强国的重大历史任务，又是新时代做好“三农”工作的总抓手。没有农业农村现代化，就没有整个国家现代化。①

党的十九大报告作出中国特色社会主义进入新时代的重大判断，必须深入贯彻习近平新时代中国特色社会主义思想和党的十九大精神，在认真总结农业农村发展历史性成就和历史性变革的基础上，准确研判经济社会发展趋势和乡村演变发展态势，切实抓住历史机遇，增强责任感、使命感、紧迫感，把乡村振兴战略实施好。2020年12月，《中共中央 国务院关于实现巩固拓展脱贫攻坚成果同乡村振兴有效衔接的意见》提出，做好巩固拓展脱贫攻坚成果同乡村振兴有效衔接，不仅关系到构建以国内大循环为主体、国内国际双循环相互促进的新发展格局，还关系到全面建设社会主义现代化国家全局和第二个百年奋斗目标的实现。

“一带一路”是重要的实现国内大循环为主体、国内国际双循环相互促进的路径之一。应该看到云南省在“一带一路”中有着重要的战略地位。在世界地域中，云南省是亚洲地区的地理中心，省会城市昆明市地处中国—东盟自由贸易区、泛珠三角经济圈交会点，是中国面向南亚、东南亚乃至中东、南欧、非洲的前沿和重要门户，具有“东连黔桂通沿海，北经川渝进中原，南下越老达泰柬，西接缅甸连印巴”的独特区位优势。云南省独特的地理优势，使其在“一带一路”中扮演着重要的角色。云南省成为中国面向西南开放的重要“桥头堡”，其在整个国家的战略中由过去改革开放的末梢成了“一带一路”中推动西南发展的前沿。因此，云南省的乡村振兴对于我国实现国

① 习近平. 把乡村振兴战略作为新时代“三农”工作总抓手[EB/OL].（2019-06-01）[2021-02-03]. http://theory.people.com.cn/n1/2019/0601/c40531-31115484.html.

内大循环为主体、国内国际双循环相互促进有着十分重要的意义。

1.1.1.3 金融支农政策

金融是脱贫攻坚的主力军，更是支持乡村振兴的重要力量。金融服务在支持脱贫攻坚和乡村振兴方面既有一定的延续性，又有相应的重点调整。[①] 农村金融作为乡村振兴战略的动力引擎，在优化资源配置、提升农业效率、发展农村经济、提高农民收入等方面发挥着举足轻重的作用。这就需要进一步巩固脱贫攻坚战的成果，更好地满足乡村振兴多样化的金融需求。[②]

国外多数国家在自身发展过程中大多重视农村地区的经济发展，无论是经济发展较快的美国、德国、英国、日本、韩国，还是经济发展较慢的孟加拉国、印度等，均从本国的实际情况出发，审时度势地采取针对性的政策措施推动农村经济发展，走出了一条适宜本国发展、可持续的农村金融发展道路。

我国乡村振兴战略的实施必须要解决“人”“地”“钱”三方面问题，其中解决“钱”的问题尤为紧迫。我国乡村振兴面临着国家支农体系相对薄弱、农村金融改革任务繁重的现实问题，金融支农成为乡村振兴的着力点。金融支农是指金融机构通过创新产品、体制、机制和服务来全面支持农业农村发展的综合性事业。金融支农是一种支持农业、农村发展的重要方式。其中，农业指的是广义上的农业，不是狭义上的种植业。我国金融支农在当前及今后一个时期应服务于乡村振兴战略的实施。对标党的十九大报告提出的实施乡村振兴战略的目标任务，无论对于短期内打赢脱贫攻坚战还是长期内实现乡村的全面振兴，我国金融支农政策的进一步完善都具有重要特殊意义。

改革开放以来，我国金融支农主要通过深化农村金融体制改革和不断放活农村金融的途径实现。一方面，我国农村金融体制改革遵循构建政策性金融、商业性金融和农村中小金融机构分工协作的农村金融服务体系的路径；另一方面，在推进农村金融体制改革时，我国始终以支持农业农村发

① 周孟亮. 脱贫攻坚、乡村振兴与金融扶贫供给侧改革[J]. 西南民族大学学报(人文社科版)，2020，41(1)：115-123.

② 王营，梁海涛，连宁. 乡村振兴背景下完善农业社会化金融服务的创新实践与思考 [J]. 金融发展研究，2020(5)：90-92.

展为目标，不断满足“三农”领域的资金需求。通过多年改革实践，特别是党的十八大以来，我国金融支农事业取得了明显进步，但“三农”领域对金融资源的需求得不到充分满足的总体情况并未改变，我国金融支农政策尚存在较大的改革与调整空间。针对存在的问题，2018年，《乡村振兴战略规划(2018—2022年)》明确提出，要健全适合农业农村特点的农村金融体系，把更多金融资源配置到农村经济社会发展的重点领域和薄弱环节，更好满足乡村振兴多样化的金融需求。2019年，《中国人民银行 银保监会 证监会 财政部 农业农村部关于金融服务乡村振兴的指导意见》进一步明确了农村金融改革发展的正确方向和金融重点支持农业的领域，强调要建立完善金融服务乡村振兴的市场体系、组织体系、产品体系并设定了到2020年、2035年及2050年三个时间节点金融服务乡村振兴的目标任务。金融资源仍然需要配置到农村经济社会发展的重点领域和薄弱环节，这就需要继续保持一定程度的政策性金融支持，进一步巩固脱贫攻坚战的成果，更好地满足乡村振兴多样化的金融需求。①

就云南省而言，一是进一步完善农村金融服务体制机制；二是保持涉农信贷投放较快增长；三是努力满足涉农重点领域的金融需求；四是充分发挥农业保险的支持保障作用；五是培育发展农村资本市场；六是培育发展农村资本市场；七是扩大涉农企业在资本市场、债券市场的融资；八是改善农村金融基础设施建设；九是强化政策引导和措施保障。

就曲靖市而言，一是保证各级财政对“三农”工作的投入只增不减，认真落实中央各项惠农金融政策，积极争取中央、省的项目支持，认真探索城市支援农村、工业反哺农业的有效途径；二是千方百计筹措资金，切实解决农村以“水、电、路”为主的基础设施建设问题，逐步改善农民的生产生活条件；三是加大脱贫攻坚力度，增强贫困地区发展后劲；四是制定优惠金融政策，妥善利用各种金融工具，放活微观农村金融市场主体，控制金融风险，为农业农村农民利用资金创造宽松环境。

1.1.2 研究意义

乡村是具有自然、社会、经济特征的地域综合体，兼具生产、生活、生态、

① 李创，吴国清. 乡村振兴视角下农村金融精准扶贫思路探究[J]. 西南金融，2018(6):28-34.

文化等多重功能，与城镇互促互进、共生共存、共同构成人类生活的主要空间。乡村振兴则国家兴，乡村衰则国家衰。2017年，党的十九大报告提出实施乡村振兴战略。脱贫攻坚与乡村振兴战略相继提出，是党中央着眼于“共同富裕”奋斗目标的重大战略部署。①

新时代我国社会的主要矛盾是人民日益增长的美好生活需要和不平衡不充分的发展之间的矛盾，而这种矛盾最突出的表现在乡村。我国仍处于并将长期处于社会主义初级阶段的基本国情，很大程度上表现在乡村。全面建成小康社会和全面建设社会主义现代化强国，最艰巨最繁重的任务在乡村，最广泛最深厚的基础在乡村，最大的潜力和后劲也在乡村。实施乡村振兴战略，是解决新时代我国社会的主要矛盾，实现“两个一百年”奋斗目标和中华民族伟大复兴的中国梦的必然要求。

实施乡村振兴战略是建设现代化经济体系的重要基础。农业是国民经济的基础，农村经济是现代化经济体系的重要组成部分。乡村振兴，产业兴旺是重点。实施乡村振兴战略，深化农业供给侧结构性改革，构建现代农业产业体系、生产体系、经营体系，实现农业一二三产业深度融合发展，有利于推进农业从增产导向转向提质导向，增强我国农业创新力和竞争力，为建设现代化经济体系奠定坚实基础。

实施乡村振兴战略是健全现代社会治理格局的固本之策。社会治理的基础在基层，薄弱环节在农村。乡村振兴，治理有效是基础。实施乡村振兴战略，加强农村基层基础工作，健全乡村治理体系，确保广大农民安居乐业，农村社会安定有序，有利于打造共建共治共享的现代化治理格局，推进国家治理体系和治理能力现代化。

本书的研究，一方面，拓宽了乡村振兴研究的理论视域。本书从金融政策的角度探讨了其对乡村振兴的支持功能。特别是选取了云南省曲靖市作为个案进行分析，从理论上扩展了乡村振兴研究的理论视域。另一方面，构建了乡村振兴的维度指数，测度了金融政策支持乡村振兴的正效应。目前，学术界较少将乡村振兴和农村发展的金融政策支持紧密结合进行研究。本书以云南省曲靖市为个案，搭建了乡村振兴五个维度的指数，测度结果证明

---

① 高强.脱贫攻坚与乡村振兴有机衔接的逻辑关系及政策安排[J].南京农业大学学报(社会科学版),2019(5):15-23,154-155.

了云南省曲靖市金融政策支持乡村振兴的正效应。

1.2 国内外研究现状及评析

1.2.1 国外研究现状

1.2.1.1 农村金融相关研究

1. 关于国外农村金融市场的供需关系相关研究

国外学术界针对农村金融市场和供求关系的研究起步相对较早，有学者研究指出，许多国家尤其是发展中国家在发展进程中都会面对金融排斥问题，即城市和乡村地区的金融发展程度存在极大差异，进而影响农户金融服务的可获得性。有学者阐述了部分发展中国家农村金融市场各个经济主体出现的主要问题，提出了主要的解决方法，即农村金融市场的深化，并就影响农村金融市场的原因进行了分析，认为农村金融市场的完善需要稳定的宏观经济环境，需要在发展中不断适应经济形势进行结构调整。有学者通过研究经济欠发达国家的农村金融互助组织在金融服务、存贷款方面的优点和缺点，肯定了这些国家在乡村银行集体借贷以及客户信息收集方面的优点，但也指出这些国家的农村金融互助组织具有产权不明、规模过小的缺点。有学者通过研究中国和印度两国的农村金融问题指出，微观金融的潜在客户仍在很大程度上依赖于非正规金融，而正规金融存在的原因为正规贷款的有限供给、国家执行贷款政策能力有限、地方政治经济分割趋势严重以及许多微观金融存在制度缺陷。

2. 关于金融市场抑制与金融市场失衡相关研究

国外学者关于农村金融的研究，侧重于分析金融市场抑制和金融市场失衡的原因。有学者在对比分析发达国家和发展中国家的金融市场完善程度之后，发现众多发展中国家的金融市场主要由国有金融主体把控，这导致市场缺乏竞争，活力不足，进而导致金融效率低下，产生了金融抑制。有学者以中欧和东欧国家的金融市场为主要研究对象，得出其农村金融供给失衡的原因是金融体系中存在政府监管失位或干预过度，以及农村金融市场相关服务程序设计不合理，无法满足居民金融需求等问题。

3. 关于农村金融优化路径选择相关研究

面对农村金融市场出现的失衡局面，国外学者给出了多项选择路径。有学者表示，传统的政府补贴方式在提高农村居民收入方面的作用不明显，政府宏观调控手段是在市场失灵时采取的一种维持金融体系正常运转的措施。要发展农村金融体系，就必须丰富农村金融机构类型，无论是正规的还是非正规的金融机构，都可以作为农村金融发展的基石。还有学者以农村金融体系为研究对象，分析了影响金融市场发展的原因，认为可以借助发达的通信技术和国家高等教育体系来推进居民提高金融意识，提高金融服务质量。

1.2.1.2 普惠金融相关研究

普惠金融的概念主要来源国外。2005 年，联合国在普惠金融和小额信贷的基础上，宣布普惠金融的范围内应该包括小额信贷。普惠金融的主要经营范围是为所有需要金融服务的个人、家庭或企业等提供小额信贷，其中特别强调小额信贷的发展，所以在普惠金融将小额信贷涵盖在内之后，针对普惠金融的研究更加深入。

联合国认为，普惠金融能够很简单快捷地为社会大众提供日常生产生活所需要的金融服务，主要是指其小额信贷方面。当前，无论是发达国家还是发展中国家，并不是所有人、所有地区都能在金融机构的覆盖范围之内，所以，联合国希望通过普惠金融的发展，带动金融体系的不断完善，做到全方位覆盖社会相对弱势群体。普惠金融顾名思义就是要扩大金融服务的覆盖范围，要改变以往高放贷门槛的限制，将其转变为更为宽松的信贷条件，转变为社会大众平等地享有获得金融服务的权利。

有学者表示，随着科学技术的快速发展，移动互联网通信技术在世界诸国日益成熟完善，移动手机的普及使得即使远离金融机构的偏远地区也能享受传统银行无法提供的金融服务，科学技术推动了普惠金融的快速发展。有学者认为，传统银行一定要在某地设置专门网点才能为当地群众提供相应的金融服务。金融机构利用移动互联网技术所推广的普惠金融能有效降低网点运营成本，节省银行开设网点及维持的资金投入，也能极大地方便顾客。世界银行认为，可以从以下四个方面对普惠金融进行度量：一是全国范围内所开设账户中满足普惠金融要求的所占比例；二是在正式金融机构中所存储的款额；三是全国范围内所开设的成人账户中来自非正式金融机构的比例；四是通过非正式金融机构进行借贷占全部借贷业务的比例。

1.2.1.3 政府与市场在发展农村金融中的作用相关研究

1. 政府与市场二者关系相关研究

现代政府应如何准确定位，既不“越位”，也不“缺位”“错位”，是摆在每个国家政府面前的难题，也是必须思考并解决好的现实问题。对此，学者们展开了研究。对于政府干预，人们习惯称之为“看得见的手”，而将市场机制视为“看不见的手”。“两只手”之间的关系一直是西方政治学家、经济学家、管理学家等探索的课题。从已有的研究成果来看，学者一般从政府与市场各自的缺陷与失灵的角度来揭示二者的互补关系。

(1) 市场缺陷：政府干预的前提

西方发达国家及一批后发现代化国家市场经济的发展历程和政府职能的演化轨迹表明，市场调节这只看不见的手有其能，也有其不能。一方面，市场经济是一种较为具有效率和活力的经济运行机制和资源配置手段；另一方面，市场经济也有其局限性，其功能缺陷是固有的，主要体现在以下六个方面。一是市场不能维持国民经济的综合平衡和稳定协调的发展。市场调节实现的经济均衡是一种事后调节并通过分散决策而完成的均衡，它往往具有相当程度的自发性和盲目性，由此产生周期性的经济波动和经济总量的失衡。二是自由放任的市场竞争最终必然会走向自己的反面——垄断。三是市场机制无法补偿和纠正经济外在效应，例如“搭便车”现象。四是市场机制无力于组织实现公共产品的供给。因为公共产品具有消费的非排他性和非对抗性特征，公共产品的消费不会导致别人对该产品的减少，于是只要有公共产品存在，大家都可以消费，即公共产品的供给一经形成，就无法排斥不为其付费的消费者，这与市场的趋利本质是背道而驰的。五是市场分配机制会造成收入分配不公和贫富两极分化。竞争规律往往具有强者愈强，弱者愈弱，财富越来越集中的“马太效应”，导致收入在贫富之间、发达与落后地区之间的差距越来越大。六是市场不能自发界定市场主体的产权边界和利益分界，实现经济秩序。在市场经济活动中，作为“经济人”的市场主体以谋求自我利益最大化为目标，利益矛盾和冲突是不可避免的。

上述市场调节机制的缺陷和失灵，为政府干预经济活动让出了空间，也正因为如此，政府对经济的宏观调控，已经成为现代市场经济体制的有机组成部分。正如美国经济学家、诺贝尔经济学奖获得者萨缪尔森所认为的，没有什么东西可以取代市场来组织一个复杂的大型经济。问题是，市场不会思考，没有什么顾忌。所以，要通过政府制定政策，纠正某些由市场带来的经济缺陷。但政府的无效干预和过度干预，同样会导致“失灵”。“两只手失灵”的问题，也就成了经济学上的难题。因此，现代经济是市场和政府这“两只手”的混合体。

(2) 政府失灵

市场失灵为政府干预提供了基本依据，但是，政府干预也非万能，同样存在着失灵的可能性。政府失灵一方面表现为政府的无效干预，即政府宏观调控的范围和力度不足或方式选择失当，不能够弥补“市场失灵”和维持市场机制正常运行的合理需要；另一方面，则表现为政府的过度干预，即政府干预的范围和力度，超过了弥补“市场失灵”和维持市场机制正常运行的合理需要，或干预的方向不对路，形式选择失当。

(3) 政府与市场的协调及配合

在现代市场经济体系中，市场调节与政府干预、自由竞争与宏观调控，是紧密相连、相互交织的。市场机制的完全有效性只有在严格的假说条件下才成立，政府干预的完美无缺同样也仅仅与理想的政府相联系。市场调节与政府干预都不是万能的，都有内在的缺陷和失灵、失败的客观可能。现实中，合理的政府与市场间的关系应是在保证市场对资源配置起基础性作用的前提下，以政府的干预之长弥补市场调节之短，同时又以市场调节之长来克服政府干预之短，从而实现市场调节和政府干预的最优组合。

2. 政府与市场在发展农村金融中的作用相关研究

国外学术界在针对农村金融发展进行研究时，一个侧重点是研究政府和市场的关系，如何处理好两者的关系，更好地发挥两者对农村金融的推动作用。相关研究表示，政府和市场在农村金融的发展中一直扮演着不可或缺的角色，但需要注意的是政府和市场各自的发力点。有学者指出，在发展农村金融的过程中，政府的角色是必不可少的，但政府需要减少对金融市场的直接行政干预，尽量为农村金融市场的发展营造一个良好的制度环境，保障其运转顺畅。还有学者指出，在发展农村金融时完全依靠市场的自发调节时是极为危险的，在出现市场失灵的情况时，需要政府采取一定的行政手段直接干预,旨在降低市场失灵的负面影响。

1.2.2 国内研究现状

1.2.2.1 农村金融相关研究

1. 关于农村金融市场供求关系相关研究

长期以来,我国农村金融服务一直处于供不应求的状态,需求随着农村居民可支配收入的增长而不断增加,但供给却一直受到国内金融市场的忽视。农村金融市场主要由正规金融市场和非正规金融市场两个部分组成。有学者在实证分析了国内金融市场的供给和需求之后,指出农村金融市场存在着非均衡性,并且在金融市场的完善中,非正规金融机构起着举足轻重的作用。这是因为正规金融机构虽然占了大部分市场,但是其很难适应农村经济的市场需求。有学者认为,农村不同类型的需求主体确定了其金融需求的形式、特征和满足金融需求的手段要求是不一样的;农村金融改革滞后,农村金融资源供给不足,应加快农村金融制度改革,可采取加强对涉农贷款的税收优惠、分类指导农村信用合作社改革、大力发展农村小额贷款机构等一系列措施;可由政府引导,国家出资,创建农村信贷担保体系,农户经营者通过担保公司提供的信贷作为担保。有学者认为,考虑到正规银行在农村地区设置网点的各项运营成本和维护成本较高,故正规银行在农村地区的网点覆盖率是极低的,难以满足农村居民对金融服务的需求。相对于正规银行而言,民间借贷的发展更加畅通无阻,主要原因是其成本低和方便快捷等。还有学者指出,国内农村金融市场整体存在的问题是供求失衡,原因为农村金融机构间的竞争和产品设置还有待提高和完善,当金融需求难以得到满足时,就难以发挥金融对经济建设的支撑作用。

2. 关于农村金融抑制和金融供给失衡原因相关研究

有学者指出,我国农村金融市场出现需求大于供给的局面,原因是多方面的,既有宏观因素,也有微观因素。宏观因素主要是金融机构和消费者之间的信息不流通。微观因素主要是银行本身经营发展问题,使得其针对农业方面的信贷支持力度逐年降低。有学者指出,农业生产存在较大的不稳定因素,受到季节、市场需求变化的影响,因而农村金融市场的发展要注重风险分摊和补偿机制的建设和完善。有学者指出，农村金融市场发展程度较低的主要原因是相关规章制度并不完善。我国金融体系中城市金融和农村金融存在断裂现象，两者并未连接起来。当处于竞争压力逐渐增大的时期，银行就会采取削减网点，减少运营成本的做法。还有学者认为，我国农村金融市场存在金融产品有效供给不足、农村金融体系不健全等问题。从金融产品的供给看，现有的金融产品普遍适用于城市，缺乏针对农村的金融产品，不能很好地满足需求。

3. 关于农村金融发展对农村经济和农民收入影响相关研究

有学者认为，诸多农村金融机构虽然在成立之初的目的是发展农村金融市场，但是在吸收农村存款后就将其转向城镇，并未发挥这些资金对农村经济的支撑作用，反而逐渐拉大了城乡收入差距。还有学者通过相关计量模型的分析得出，农民的收入水平会受到金融机构信用贷款配给制度和配给比例的影响。农村金融机构可以为农业发展提供金融支持，减少恶性竞争；还可以对农村的支付方式进行改进，简化农产品交易步骤，为农业发展注入新的活力。

1.2.2.2 普惠金融相关研究

改革开放后，我国金融市场伴随着经济社会的发展得到进一步完善，学术界以金融市场为研究对象的相关成果随着经济增长变得更加活跃，涌现出了一批具有代表性的学者和观点。2006 年，在亚洲小额信贷论坛上，普惠金融这一概念被引入国内。此后，国内学术界开始重视普惠金融的研究，并将研究重点转移到普惠金融对农村金融市场发展的推动作用上。在研究过程中，学者逐渐认识到政府和市场对普惠金融的重要作用，一方面金融市场的发展和金融体系的完善离不开政府主导，另一方面普惠金融的发展需要市场调节，而不是政府直接干预。故本书在梳理文献时，主要围绕政府、市场和普惠金融间的关系展开。

1. 关于农村普惠金融相关研究

我国金融市场的发展程度较低，农村整体金融市场的发展和起步时间较晚，相较于城市地区还有很大差距。所以，在脱贫攻坚的关键时期，有效发挥普惠金融的作用，对全面建成小康社会具有巨大的帮助作用。国内学者在借鉴国外关于普惠金融相关研究的基础上，开始考虑农村金融体系的建设和完善，并分析了我国农村金融体系中存在的主要问题和出现这些问题的原因，最后提出具有针对性的对策建议。

一是我国农村地区进行金融改革离不开普惠金融的发展。有学者认为，基于当前普惠金融的理论研究，农村金融发展要经过两个阶段，即市场失灵阶段和政府失灵阶段。二是农村普惠金融体系在构建过程中面临多重障碍。有学者认为，我国普惠金融发展时间较短，仍存在诸多问题。例如，提供金融服务的供给者和需要金融服务的需求者之间的不平衡所带来的社会成本较大；在扩大金融服务的同时需要加大对农村贫困人口和家庭金融服务的覆盖范围；如何结合不同的人群进行金融产品的设计和组合，以期更好地发展金融市场；等等。有学者认为，我国农村地区的普惠金融发展程度较低，其根本原因是金融市场竞争的日益激烈，一些传统金融机构希望通过降低网点数量来缩减运营成本。三是发展农村普惠金融的举措。有学者认为，在农村地区发展普惠金融就必须从政策上要求和鼓励相关金融机构进入农村地区，并扎根于此，鼓励金融机构在满足市场发展要求的基础上，创新进入产品并改善进入服务。

2. 关于农村普惠金融对“三农”发展支持相关研究

多数学者认为在农村地区大力发展普惠金融有助于缓解城乡间的收入差距，帮助农民实现脱贫致富。普惠金融能够带动贫困地区经济社会发展的原因是我国贫困地区一般位于交通欠发达和自然环境相对恶劣的地区，普惠金融可以通过向贫困地区注入资金的方式带动贫困地区教育和产业的发展，帮助贫困地区贫困人口实现减贫脱贫。我国普惠金融的发展程度受到城镇居民和农村居民收入水平的影响。农村地区的普惠金融发展程度越高对当地居民收入水平的影响越大。

在普惠金融影响乡村振兴发展方面，兰考普惠金融改革试验课题组对兰考县进行实地走访和调查发现，经过一年多的普惠金融改革实践，兰考县经济发展水平提升，一二三产业结构进一步优化，美丽乡村建设成效显著。①王修华指出，农村金融可以通过个体行为、产业带动、环境改善、社会规范等效应为乡村振兴发展提供支撑，乡村振兴须构建多元化的金融体系以及强

---

① 兰考普惠金融改革试验课题组. 普惠金融落地路径探析：基于兰考县的实证[J]. 征信，2018(3)：7-14.

化金融制度的保障。① 刘世波等分析了山东省、浙江省、贵州省三个省份普惠金融对乡村振兴的影响，结果表明，尽管普惠金融对各省份乡村振兴的支持程度有所不同，但都有助于乡村振兴的发展。② 马俊等利用向量自回归模型分析了新疆地区普惠金融与乡村振兴之间的关系，实证结果表明，新疆地区普惠金融的发展可以促进乡村振兴，但是乡村振兴无法促进普惠金融的发展。③

在普惠金融影响农村经济发展水平方面，谭燕芝等对我国 31 个省(区、市)(未含香港、澳门特别行政区和台湾地区)近 10 年来普惠金融的减贫机理进行研究，结果表明，在控制一系列变量之后，普惠金融可以降低当地甚至周边地区的贫困率，提升经济发展水平。④ 张晴等对安徽省金融扶贫现状进行研究发现，普惠金融对安徽省各贫困县均有减贫作用且包含普惠金融贷款政策的减贫效果更好。⑤ 尽管不同地区普惠金融对农村发展的影响程度有所不同，但总体来说普惠金融有利于减少贫困、提升农村经济发展水平。

1.2.2.3 政府与市场在发展农村金融中的作用相关研究

1. 政府在发展农村金融方面的作用相关研究

有学者对政府和市场在发展农村金融中的作用进行了分析，认为政府擅长掌控全局，其应当更多地提供辅助和协助作用；局部是市场更为擅长的领域，其应当在农村金融发展中积极发挥主导作用。有学者基于中国农村金融实际情况进行分析，提出在中国农村金融制度演化中，政府起到了支配作用。有学者认为，对农村金融消费者给予充分的保障和支持是政府应当承担起的责任与履行的义务。政府财政补贴对于普惠金融的发展来说是十分有必要的，在普惠金融的发展过程中，需要金融政策和财政政策的配合和

---

① 王修华. 乡村振兴战略的金融支撑研究[J]. 中国高校社会科学，2019(3)：35-43，157.

② 刘世波，邓生朋，石怡，等. 金融支持乡村振兴战略的路径研究：基于鲁浙贵 3 省数据分析[J]. 区域金融研究，2020(4)：56-62.

③ 马俊，李季刚. 普惠金融对乡村振兴发展影响的实证研究：以新疆地区为例[J]. 经济视角，2020(2)：71-82.

④ 谭燕芝，彭千芮. 普惠金融发展与贫困减缓：直接影响与空间溢出效应[J]. 当代财经，2018(3)：56-67.

⑤ 张晴，龚亮. 普惠金融减贫异质效应的实证[J]. 统计与决策，2020，36(6)：136-139.

协调。还有学者通过研究发现，政府应充分发挥主导作用，以为商业金融机构更好地提供金融扶贫服务。

2. 市场在发展农村金融方面的作用相关研究

有学者认为，在建设农村普惠金融体系的过程中，商业银行具有重要作用，受到政府政策的要求和引导，其应当承担起社会责任和履行相应义务，积极参与农村普惠金融体系建设。有学者认为，中国在2003—2012年间对农村金融市场的改革取得了显著的成效，实现了多元化农村金融市场体系的初步建立，为农村经济发展提供了支持与保障。还有学者分析了农村金融市场效率下降的原因，认为从伦理道德方面来看，个别农民对利益的高度重视和缺乏诚信等易使农村金融市场产生"委托-代理"等问题。

1.2.3 研究文献评析

综上所述，国外对乡村发展和乡村金融支持的相关研究进行得比较早且形成了较为成熟的理论体系并在实践中取得了一定的成绩。国内对乡村发展和乡村金融支持的相关研究，充分结合了我国的实际情况和农村特点，具有一定的创新性和适用性。

既有研究多是从以下三个方面开展的。一是关于农村金融的供给和需求方面。国内外学者认为农村金融的需求大于供给。他们对于农村金融的研究较为丰富，有的从实证的角度出发展开研究，有的从金融政策以及机制的角度出发展开研究，但较少有学者从金融工具本身的作用出发展开研究，也很少有学者从农村发展与金融支持的具体耦合情况出发展开研究。二是关于普惠金融方面。从国内相关文献研究的数据来看，国内学者对于普惠金融体系的研究关注程度不断提高。学者们认为，农村惠普金融的发展是极其重要的，它不仅能够推动社会、经济的进一步发展，缩小城乡居民收入差距，还能够为低收入群体、贫困人口提供更好的保障。另外，有学者重点对政府、市场的重要作用进行了分析，厘清了农村普惠金融发展的真正需求。但综合来看，关于农村普惠金融方面的研究并不深入，仍然需要做进一步的分析研究。三是关于政府与市场在发展农村金融中的作用方面。大多数学者的研究认为，政府在发展农村金融方面的作用十分重要，但对市场在发展农村金融方面的重要程度的研究不够深入。全面深化改革的重点是实现经济体制改革，实现经济体制改革需要正确处理市场与政府的关系，充分发挥市场在资源配置中的决定性作用，更好地发挥政府的作用。在政策的引领下，推动全面深化改革，需要我们将关注的重心放在政府和市场的关系上。对于农村金融的发展来说，研究政府与市场在发展农村金融中的作用同样关键。如何推进农村金融的进一步发展？如何平衡政府与市场在农村金融中的关系？如何使政府与市场的作用发挥最大，实现农村金融更好的发展？这都是我们应当重点关注的问题。

综上，纵观国内外相关研究，学者将乡村振兴和农村金融政策两者进行紧密结合的研究较少，故本书以云南省曲靖市为例，将乡村振兴和农村金融政策支持的融合作为实践样本开展分析，分析乡村振兴与农村金融政策支持的耦合性并进行灰色关联度分析，同时对其开展情况以及存在的问题进行探讨，提出农村金融政策支持脱贫攻坚和乡村振兴相互支撑、相互配合、有机衔接的深化路径。

1.3 研究思路与基本框架

1.3.1 研究思路

首先，在梳理“三农”问题渊源的基础上，阐述乡村振兴战略的内涵和金融支持乡村振兴战略的必要性。在介绍社会主要矛盾的变化以及新时代背景下，实现社会治理体系与治理能力现代化，必须实现乡村振兴的必要性。论述金融支持乡村振兴的理论基础，分析金融支持乡村振兴的耦合逻辑。

其次，运用金融支持乡村振兴的相关理论要点（现代金融发展理论、农村金融理论、不完全竞争市场理论、新公共服务理论），分析云南省曲靖市的具体经济指标并根据乡村振兴的标准所设置的各个指标的权重，进行乡村振兴的耦合度分析，在此基础上开展灰色关联度分析，得出影响云南省曲靖市金融支持乡村振兴的关键因素。

再次，借鉴国外相关经验，聚焦国外金融支持农业的政策演变，充分挖掘国外金融支持农业政策助力乡村振兴的经验。日本和德国两国的农情与我国较为相似，其金融支持农业的成功做法对我国金融支持乡村振兴的实践具有一定的参考价值。通过分析日本和德国乡村发展与金融支持的具体情况，得出云南省曲靖市金融支持乡村振兴的相关启示。

最后，给出理顺政府和金融市场的关系、解决农村金融市场供需不平衡问题以及优化金融政策支持云南省曲靖市乡村振兴的路径安排。本书研究思路见图1-1。

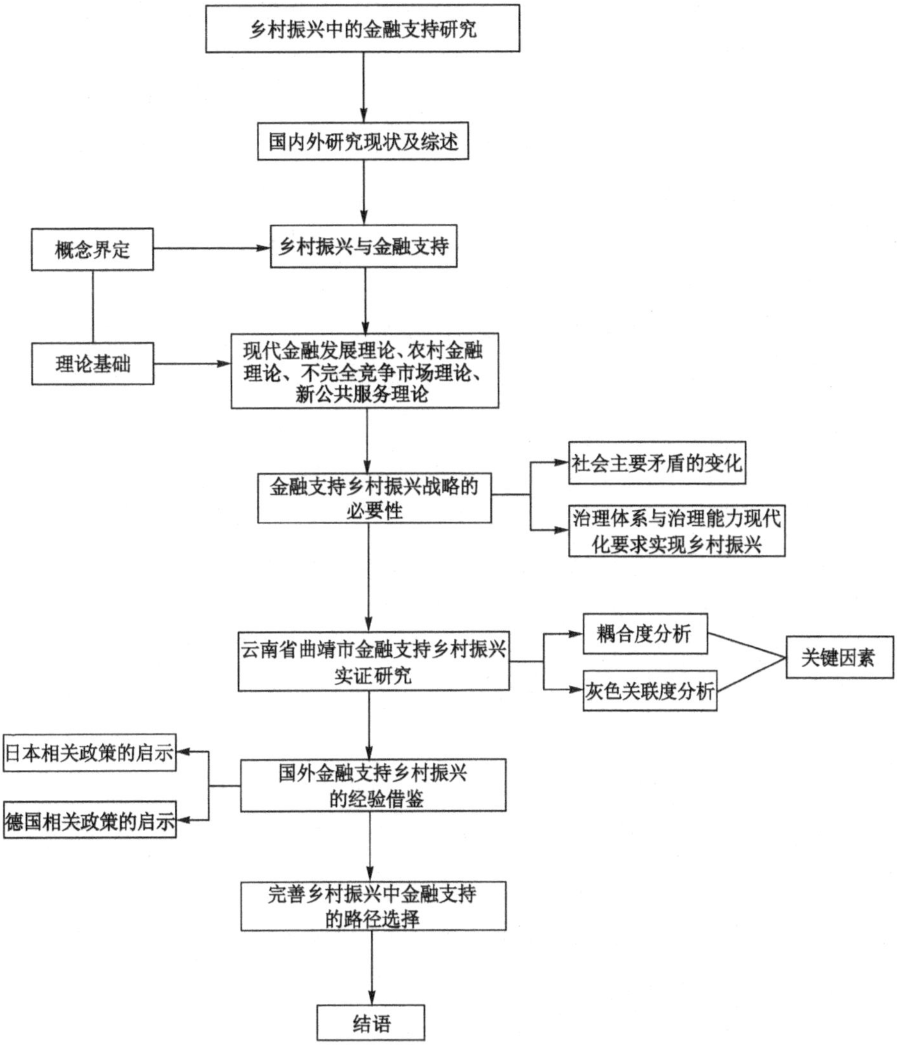

图1-1　研究思路

1.3.2　研究基本框架

第一章:绪论。绪论包括:研究背景与研究意义、国内外研究现状及评析、研究思路与基本框架、研究创新之处与研究难点。

第二章:乡村振兴与金融支持的相关概念及理论基础阐释。本章从云南省曲靖市的现状出发,讨论了“三农”问题的历史溯源,阐述了新时代背景下乡村振兴的提出以及内涵。乡村振兴与社会治理有千丝万缕的关系,其中金融政策支持以及金融工具的使用尤为重要。同时论述了乡村振兴与金融支持的理论基础。

第三章:新中国成立以来农村金融发展的历程及现状。本章分别从新中国成立以来农村金融发展的历程、农村金融发展的现状、农村金融发展的困境等方面进行梳理。分析改革开放之前中国农村金融的现状以及改革开放之后中国农村金融的现状,总结出中国农村金融中供给和需求的现实状态,以及农村金融发展面临的困境,得出乡村只有与金融支持相耦合才能振兴。

第四章:云南省曲靖市金融支持乡村振兴实证研究。本章首先分析云南省的具体地理风貌、社会现状。其次以乡村振兴战略的总要求为一级指标,从云南省的统计年鉴中选取符合曲靖市的二级指标,并设置相关权重,分析乡村振兴与金融支持的耦合性,进行灰色关联度分析。最后得出在乡村振兴系统中,治理有效的综合指数对金融支持系统的平均影响较为明显;在金融支持系统中,农村金融政策强度与乡村振兴系统的关联度最为显著。

第五章:国外金融支持乡村振兴的经验借鉴。本章主要从日本与德国乡村发展与金融支持的概况出发,得出日本与德国金融支持乡村振兴的经验启示。

第六章:完善乡村振兴中金融支持的路径选择。本章总结了乡村振兴中金融支持的路径包括明确产业振兴与乡村振兴的关系、理顺政府与市场的关系以及加强金融工具与乡村振兴的耦合性。

第七章:结语。本章通过总结前几章对云南省曲靖市乡村振兴中的金融支持研究,由点及面,展望未来。

1.4 研究创新之处与研究难点

1.4.1 研究创新之处

一是研究视角新。国内外很少有学者将乡村振兴和农村发展的金融政策支持二者结合起来展开研究，本书通过将二者结合起来研究，得出了生态宜居和产业兴旺是金融系统支持乡村振兴的两个重要指标。

二是分析工具新。本书除了采用文献综述法、案例分析法之外，还分析了乡村振兴和金融政策支持的耦合性并进行灰色关联度分析。这种分析工具在研究乡村振兴中的金融支持内容方面是较为新颖的。

三是研究结论新。本书将乡村振兴战略与金融政策支持结合起来，参照党的十九大以来国家对乡村金融体制改革的要求，提出了有助于新型乡村建设的金融支持对策，并结合多个乡村振兴中典型的金融支持相关创新案例展开研究，得出乡村金融是带动乡村振兴的重要力量这一结论。

1.4.2 研究难点

金融作为乡村振兴战略的动力引擎，在发展农村经济、提高农民收入等方面发挥了重要作用。本书以云南省曲靖市为研究对象，研究曲靖市乡村振兴中的金融支持存在的主要问题并剖析其背后的原因，运用现代金融发展理论、农村金融理论、不完全竞争市场理论和新公共服务理论搭建理论分析平台，尝试构建乡村振兴和金融支持的耦合逻辑框架，最后给出了乡村振兴中金融支持的路径建议。在研究过程中主要存在以下三个方面的研究难点。

一是由于乡村振兴战略与金融支持的数据面较广且数据量较大，数据的收集整理存在一定的难度。本书仅选取云南省曲靖市相关指标进行分析，但在具体指标影响因子的处理方面尚待深化，特别是对乡村振兴中金融支持的权重指标方面亟待进一步优化。

二是关于金融工具与乡村振兴的内在耦合性既是本书研究的一个重点也是本书研究的一个难点。本书在研究过程中多从金融工具与乡村振兴的支持维度进行探究，而关于乡村振兴对金融工具的内在张力方面的研究还需要再深化，特别是对二者耦合逻辑的体制和机制建立方面还存在着较大的学术探讨空间。

三是如何构建符合“三农”特质的农村金融体系同样是研究的难点。以全面振兴为导向，以改革创新为驱动，以精准扶贫为抓手，在农村经济社会发展的重点领域和薄弱环节投放更多的金融资源，提供更优质、更高效、更全面的金融服务，以顺应乡村振兴对金融的多元化要求还需要进一步展开研究。

Chapter 2

第2章

乡村振兴与金融支持的相关概念及理论基础阐释

阐述乡村振兴与金融支持的相关概念，运用现代金融发展理论、农村金融理论、不完全竞争市场理论和新公共服务理论等，具体分析乡村振兴中金融支持的必要性以及农村金融改革的方向。

2.1　乡村振兴与金融支持的相关概念

2.1.1　乡村振兴与乡村振兴战略的内涵

2.1.1.1　乡村振兴的内涵

党的十八大以来，我们党坚持把解决好“三农”问题作为全党工作的重中之重。2017 年，党的十九大报告提出实施乡村振兴战略；也是在这一年的中央农村工作会议上，习近平总书记提出了五级书记抓乡村振兴的工作机制。2021 年中央一号文件《中共中央 国务院关于全面推进乡村振兴加快农业农村现代化的意见》发布，文件指出要全面推进乡村振兴，加快农业农村现代化，努力开创“三农”工作新局面。同年 2 月 25 日，国家乡村振兴局正式挂牌。2021 年 3 月 22 日，《中共中央 国务院关于实现巩固拓展脱贫攻坚成果同乡村振兴有效衔接的意见》，明确提出要在巩固拓展脱贫攻坚成果的基础上，做好乡村振兴这篇大文章，接续推进脱贫地区发展和群众生活改善。

乡村振兴的内涵包括：保障国家粮食安全、巩固脱贫攻坚成果、发展富民乡村产业、建设乡村软硬件设施。一是保障国家粮食安全。这是涉及生存保障的头等大事，要实施好“藏粮于地、藏粮于技”的战略，抓好种子和耕地问题，守好 18 亿亩耕地红线，逐步把永久基本农田全部建成高标准农田。同时，要做到让务农种粮的农民有利可图，让粮食产量稳定在既定目标，并力争逐年稳中有增。二是巩固脱贫攻坚成果。总体上保持脱贫地区主要帮扶政策稳定，在西部地区还要确定一批重点帮扶县，牢牢守住不发生规模性返贫的底线。三是发展富民乡村产业。把农业和乡村的生态涵养、体验休闲、文化传承等功能优势发挥出来，发展体验休闲等新产业、新业态，促进农村一二三产业融合，把产业尽可能留在乡村，让农民多参与、多得利，把产业链延长。四是建设乡村软硬件设施。推动公共基础设施向村覆盖、往户延伸，解决村组、村内级别道路建设，保障产业、交通、资源、旅游等所需的基础设施以及农业产品的仓储保鲜冷链物流等，促进农业和乡村产业的发展。同时，提高农村公共服务的水平，加强改进乡村治理，建设文明乡风，在精神文明建设方面争取取得显著进步。

2.1.1.2　乡村振兴战略的内涵

党的十九大报告提出实施乡村振兴战略，要坚持党对农村工作的管理，优先发展农业和农村，坚持农民的主体地位，坚持农村全面振兴，坚持城乡发展一体化，坚持人与自然和谐共存，坚持因地制宜、循序渐进，逐步保持土地承包关系长期稳定不变，加强农村基层基础工作。产业兴旺、生态宜居、乡风文明、治理有效、生活富裕的二十个字总要求，反映了乡村振兴战略的丰富内涵。

产业兴旺是实施乡村振兴战略的基石。发展现代农业是产业兴旺最重要的内容，重点是通过产品、技术、制度、组织和管理的创新，提高良种化、机械化、科技化、信息化、标准化、制度化和组织化水平，从而推动农业、林业、牧业、渔业和农产品加工业的转型升级。实现产业兴旺，一方面要以新型专业农民、适度规模经营、经营外包服务和绿色农业为主要内容，大力发展现代农业；另一方面还需促进乡村一二三产业的一体化发展，促进农业产业链延伸，创造更多就业、收入机会。

生态宜居是提高乡村发展质量的保证。生态宜居的内容包括建立干净整洁的村庄，完善村里的水、电、路等基础设施，保护乡村景观和乡村生态系统，治理乡村环境污染，实现人与自然和谐共处，使乡村生活环境有绿色，全面建设美丽乡村。

乡风文明是乡村建设的灵魂。乡风文明建设包括促进乡村文化教育和医疗卫生等事业发展，改善乡村基本公共服务，大力弘扬社会主义核心价值观，传承遵规守约、尊老爱幼、邻里互助、诚实守信等乡村良好习俗，努力实现乡村传统文化与现代文明的融合，并充分借鉴国内外乡风文明的优秀成果，使乡风文明与时俱进。

治理有效是乡村善治的核心。一般来说，乡村治理的效果越好，乡村振兴战略的实施效果就越好。治理乡村需要健全党委领导、政府负责、社会协同、公众参与、法治保障的现代乡村治理体制，健全自治、法治、德治相结合的现代乡村治理体系，同时加强乡村基层党组织建设，深化村民自治实践，建设平安乡村。此外，还需要进一步加强党群干群关系，有效协调个人利益和集体利益、短期利益和长期利益，确保乡村充满活力且和谐有序。

生活富裕是实施乡村振兴战略的目标。乡村振兴战略的实施效果从某方面来说需要用农民的富裕程度来评价，因此要努力保持农民收入的快速增长，降低农村居民的恩格尔系数，不断缩小城乡居民的收入差距，实现共同富裕的目标。

产业兴旺、生态宜居、乡风文明、治理有效、生活富裕，这五个方面是相辅相成的。其中，产业兴旺是重点。只有农村产业振兴了，才有可能创造出足够的就业机会与岗位，使农民增收。生态宜居是关键。良好的生态环境是农村的最大优势与宝贵财富。乡风文明是保证。建设乡风文明既是乡村建设的关键内容，体现了农民对美好生活的向往，也是构建和谐社会和实现中华民族伟大复兴的中国梦的关键条件。治理有效是基础。坚持自治、法治、德治紧密结合，增强基层民主和法治建设，弘扬社会正气、惩治违法行为，建设平安乡村，有效协调个人利益与集体利益、短期利益与长期利益，保证乡村社会充满生机、和谐有序。生活富裕是根本。要倡导人人尽责、人人享有的理念，围绕农民群众最关心、最直接、最现实的利益问题，想方设法让农民有持续稳定的收入，经济宽裕，生活便捷，把乡村建设成幸福美丽的新家园。

2.1.2　金融与金融政策的内涵

2.1.2.1　金融的内涵

金融，货币资金的融通，一般指与货币流通和银行信用有关的一切活动，主要通过银行的各种业务来实现。例如货币的发行、流通和回笼，存款的吸收和提取，贷款的发放和收回，国内外汇兑的往来，以及资本主义制度下贴现市场和证券市场的活动等，均属于金融范畴。

《新帕尔格雷夫经济学大辞典》将金融定义为：资本市场的运营和资本资产的供给与定价，包括有效率的市场、风险与收益、替代与套利、期权定价和公司金融等内容。国内有学者认为金融有广义和狭义之分，广义的金融指一切与信用货币的发行、保管、兑换、结算、融通有关的经济活动，还包括金银的买卖；狭义的金融专指信用货币的融通。金融学是研究人们在不确定的环境中如何进行资源合理配置的科学。

2.1.2.2 金融政策的内涵

金融政策是政府或中央银行所采取的货币与信用政策的统称。狭义上，中央银行所实行的金融政策与调节货币供给量的货币政策有重要的关系，这是因为中央银行是直接担任发行货币的金融机构，它向社会发行银行券。在所有的货币中，流通量最多的为存款货币，存款货币的多寡又决定于银行券发行额的多少。

金融支持政策主要包括以下四个方面：第一，借助银行的支持作用。各商业银行向高新技术企业提供金融支持的出发点是以效益为中心，加大信贷投入。第二，健全中介服务机构。建立支持科技进步的多渠道投融资体系，完善企业内部运行机制，促进科技成果商品化、产业化。第三，建立风险投资机制。建立支持高新技术产业发展的风险投资体系，培育和发展促进资本与高新技术相结合的一套新的金融机制和模式。第四，依托资本市场。资本市场为风险投资建立的退出机制对高新技术企业的发展具有相当重要的意义。尽管风险投资的成功率一般较低，但是绝大部分依靠风险投资的创业公司中总会有一两个迅速成长并上市。

2.1.3 农村金融的含义、特点与功能

2.1.3.1 农村金融的含义

在理论上，农村金融应当包含一系列内涵丰富的金融产品和服务，例如储蓄、信贷、结算、保险、投资理财、信托等，以及与之相对应的金融组织体系。在现实经济发展中，农村金融指能够适应农村经济发展的金融需求，会随环境变化而不断动态演化。金融的本质是价值之间的流转。过去对金融的研究主要侧重于货币资金的流转，但是现代金融不仅仅研究货币资金的流转问题，还把研究重心转移到金融在经营过程中怎样通过资本的流转来促进交易的进行。农村金融是金融中的一个部分，对农村金融进行定义就是界定农村金融的作用范围。从功能的角度来看，农村金融不仅包括为农业发展提供信用贷款服务的机构组织，也包括能够为农村经济发展作出贡献的经济实体。

2.1.3.2 农村金融的特点

从地理意义上分析，多数农村金融机构地处农村，相对于城市金融，农

村金融具有自身的特点。农村金融的特点见表 2-1。

表 2-1　农村金融的特点

特点	说明
风险高	鉴于农业生产具有高风险性，农村金融作为服务于农业发展的行业，相较于普通金融，具有更高的风险
金融交易规模小，次数多	农村金融的户均储蓄和贷款规模较小，加上农村人口基数大，资金金融交易规模小，贷款频次也较多，这与农村收入水平相对较低、农业活动单一的特征有关
缺少规范抵押物	受农村产权瑕疵和农民生产经营活动的制约，农民融资往往难以提供满足现代金融所需要的抵押物品，导致贷款极为困难
市场分散	受地域和农业生产活动的制约，农村金融市场较为分散，提供金融市场分散支持的成本较大
信息不对称，监管缺位	放贷人无法得知贷款人的信用状况、产业发展情况、资金使用情况，所以难以监管
补贴性的信贷支持	农业的弱质性导致其需要补贴性的信贷支持，在一定时期补贴性的信贷支持可能占主导地位
基础设施差	相较于城镇，农村金融的基础设施较差

2.1.3.3　农村金融的功能

金融是经济发展的持续推动力。研究表明，金融发展与农村经济增长具有正相关关系。尤其对中国农村而言，当前正处于农村全面发展的快速阶段，现代农业健康发展，农村居民收入稳定增长，农民消费支出逐步扩大，农村金融组织类型更加丰富，金融体系日趋完善。总体而言，农村金融对我国农村经济的促进作用主要表现为以下五点。

1. 促进农村经济全面发展

《中共中央关于推进农村改革发展若干重大问题的决定》明确指出，农村金融是现代农村经济的核心。我国正处于农村经济发展和农村金融体系建设的关键时期。党的十八大报告指出，要加大统筹城乡发展力度，增强农村发展活力，逐步缩小城乡差距，促进城乡共同繁荣；要着力促进农民增收，保持农民收入持续较快增长。党的十九大报告提出，要建立健全城乡融合发展体制机制和政策体系，加快推进农业农村现代化。这足以说明国家对农村金融的重视和大力支持。

农村金融能够促进农村的全面发展，详细分析如下。在建设现代农业的过程中，一是固定资产的投资需要大量的资金支持，而农业经营者自身资金难以支持，因此需要金融资金支持，主要表现为借贷融资、城市资本向农村流通，或非农产业资本向农业流通；二是现代农业的生产要素重新配置后，效率得到了提升，资本作为重要的生产要素，必然深度参与现代农业发展中。例如，国家金融资本要素的供给，有效撬动了社会资本的投入，产生投资乘数效应；私人资本的投资有利于建设现代高水平农业园区，或是进行企业自身的产业拓展，直接获得资本的收益回报。

在现代农业产业发展的过程中，国家政策性银行给予的财政资金支持，大大提高了农村公共服务的完善程度。在农民的生活中，生活性消费也有了金融的影子，例如家电下乡的购置补贴极大地提高了农民的生活水平；农民生活富裕了，开始购买各类金融理财产品；农民可以上网开店、做“微商”，还会使用网络支付，这些都大大提高了农民生活的便利性。

2. 促进农村专业化分工

在市场经济较为发达的今天，商品的分配与交换通过货币资金的分配与交换来执行，农村经济职能专业化特征越来越明显，意味着分工更加细化。不同分工主体之间交易数量越大，交易频率越高，需要的货币总量就越大。金融资本在不同分工主体之间的需求数量和周转时间由分工的特征决定。例如，在农业生产环节中，田间的种植、管理、收割都以家庭为单位独立完成，随着新型农业经营体系的不断完善，农业生产的很多环节被市场细分，每个环节都可以由合作社或其他社会化服务组织来完成，那么这一环节的资本需求量就跃升为多个单位。对于这种专业化分工和专业性生产组织的形成，农村金融贡献显著。例如，从农机合作社购买农机可以获得国家专项资金补贴。此外，新型农业经营主体也需要更多的融资去提高经营绩效。

3. 增强农业竞争力

大农业需要大金融，2017 年中央一号文件《中共中央 国务院关于深入推进农业供给侧结构性改革加快培育农业农村发展新动能的若干意见》，明确提出推进农业供给侧结构性改革，其主要原因是中国农业在世界范围内竞争力不强。提升中国农业的竞争力，必须采取一系列措施。例如，增加对农业研发的投入，提升农业科技进步率；增加对农业基础设施的投入，提升农业生产效率；加强对农业生态环境的保护，提高农业人员的专业化水平，做好农业社会化服务体系建设；提升农村公共服务水平。这些措施都必须有足够的资金支持。因此，要通过创新农村金融体系、拓展资金获取渠道、提升资本配置效率，确保满足现代农业产业推进过程中的融资需求。我国政府部门高度重视“三农”问题，“三农”问题涉及农业科技进步、新型经营主体培育、农业基础设施建设、农村金融体系建设等多方面内容。农村金融在这些问题的解决中起着至关重要的作用。

4. 集聚农村闲散资金

金融体系对经济的推动力不应该仅止于对资金的储蓄，更应该注重发挥资金的融通以及配置作用。20 世纪 80 年代以后，农村经济增长不再停留在狭义的实物资本投入和积累上，更全面深入地关注技术和人力等多种基础性要素形成的重要性，包括资金在其中起到的关键性作用。资金投入对支持农村经济持续良性增长起着极其重要的作用。

我国农村在保险、证券信托等以金融市场为中介的直接融资水平仍然较低，农村资金的融通渠道仍旧主要依靠银行作为中介进行间接融资。我国的农村金融以间接融资为主，即把银行作为农村地区的基本金融主体、把基本的信用贷款作为农村地区主要的金融产品来进行相关的资金流通活动。

在货币时代，人们通过直接持有货币或者以货币购买金融资产的方式来积累财富。直接持有货币的方式不具有金融性质，这种非增值的储蓄现金不仅不会产生利息，还可能遭受通货膨胀的不利影响。尽管部分资金或许能为社会增加生产资金，但是十分有限，且并不能改善农村经济以及提高农民收入。当农民将闲散资金投入金融机构购买金融产品时，比如存款凭证，这就具有了融资的性质。通过金融机构对资金进行融通，资金就可以进入再生产的过程。当金融机构内积累了一定水平的资金后，这些资金中的一部分可能会转化为消费和投资，进而促进经济发展。

资金的积累不仅发生在个人层面，在资源要素总量既定的前提下，农村金融机构对于农村范围的资金具有由小到大的集聚作用。优化资源要素的配置并实现规模节约是农村经济集约增长的要求。农业生产资源的优化配置和规模节约需要凭借有效的市场来实现。这除了要具备有效的商品市场、劳动力市场、技术市场和信息市场,更需要发达的农村金融市场对资金这项特殊的资源进行有效配置。正是有了金融系统对资金的积累和配置,才使得资金和提高生产力之间形成了直接的通道,为农村经济增长集约化程度的提高奠定了基础。农村金融的发展与完善使得农村经济金融化、货币化,农村经济实现了全面升级演化。

5. 帮助农村实现全面小康

2015 年 10 月,中共十八届五中全会召开,审议通过《中共中央关于制定国民经济和社会发展第十三个五年规划的建议》,提出了“共享发展”的理念,以及“我国现行标准下农村贫困人口实现脱贫,贫困县全部摘帽,解决区域性整体贫困”的“十三五”奋斗目标。2020 年 10 月,中共十九届五中全会召开,会议指出,我国脱贫攻坚成果举世瞩目,五千五百七十五万农村贫困人口实现脱贫,全面建成小康社会胜利在望,中华民族伟大复兴向前迈出了新的一大步。从微观上分析,无论是产业扶贫、知识扶贫或是智力扶贫,贫困人口对资金的需求都极度渴望,因此需要进行融资。由于自身条件难以满足商业性金融机构的要求,所以经济不发达地区急需政策性金融机构予以大力支持。政策性金融机构可以采用多种方式向经济不发达地区提供援助,比如帮助建设基础设施改善农村人口生活条件,提供扶贫帮困的低息或者无息的政策性贷款或者直接拨付资金支援经济不发达地区。

2.2 乡村振兴与金融支持的理论基础阐释

2.2.1 现代金融发展理论

现代金融发展理论的研究是从国外开始的。国外有学者认为,金融体制和经济发展之间存在着相互推动和相互制约的关系,但大多数发展中国家的金融体制和经济发展之间表现出来的是相互制约的关系。一方面,金融体制的落后和缺乏效率,束缚了经济的发展。另一方面,经济的停滞又限制了资金的积累，制约了金融的发展，从而形成恶性循环。造成这种恶性循环的根本原因是政府实行过分干预和管制的错误政策，这就是金融抑制。

2.2.1.1　金融抑制

金融抑制体现在三个方面。① 金融市场上的价格处于一种不健康的状态。由于政府的控制，存款利率和贷款利率都存在低于正常状态的情况，无法真实体现出资金的稀缺程度和供求状况，起不到应有的作用。② 对信用贷款的管制。政府实施过低的存贷利率，造成了资金过量流出，致使信贷资源的供应常常满足不了需求，而货币管理部门常常直接对信贷进行管制，这必然会使很多人在政府的保护下大量转移财富，造成资金的使用效率大大降低。③ 对金融市场的分割。为了保证资金的流向符合政府的意图，发展中国家大多对金融机构的设立和经营范围加以限制，各类金融机构受不同监管部门的管理，彼此各行其是，效率低下。此外，货币市场与资本市场存在的不发达、高准备金率和通货膨胀的隐患，也构成了金融与经济之间的恶性循环，导致其效率不高。

针对上述情况，经济学家提出了金融深化方案：放开利率；鼓励银行竞争；扩大对效率高的小经济单位的放款；金融改革与财政改革同步进行；金融改革与外贸改革同步进行。这些方案的中心含义是要减少政府干预，消除金融抑制，推进金融深化，以达到经济增长的目的。

2.2.1.2　金融约束

20 世纪 90 年代，国外经济学家以新经济增长理论为基准，研究经济增长和金融之间的关系，进一步发展了金融发展理论。他们认为，金融约束更加适合正在转型的发展中国家的经济体制，金融自由化会对这些国家产生一定的负面作用。

金融约束是指政府实施一系列的金融政策，给金融部门和生产部门提供租金机会。租金机会是指市场竞争产生的收益中超出的部分，而不是经济学上讲的没有供给弹性的生产要素收入。在现实经济发展中，信息不对称、代理行为和道德风险的存在，使得资金的合理有效配置很难实现，这就需要政府对金融市场进行适当干预。金融约束给金融部门和生产部门创造了租金机会，通过租金效应和激励作用，可以规避潜在的逆向选择和道德风险，鼓励创新，维护金融稳定，从而对经济发展起到正向影响。由此可见，金融约束更强调政府干预的重要性，认为选择性的政府干预有助于金融稳定发展。

金融约束与金融自由化在本质上并不存在冲突。金融自由化是希望政府不要对金融市场进行过分的干涉和保护，推进金融深化。金融自由化对政府的干预并不排斥，希望政府推进金融深化的进度而不是对金融深化造成阻碍。金融约束的最佳状态是随着金融深化的加强，政府干预的范围和深入程度也会缩小和降低。因此，在金融约束和金融自由化的关系中，金融深化是最后要达到的目标，金融约束和金融自由化都是为实现金融深化而采取的方式。

2.2.2 农村金融理论

2.2.2.1 农业信贷补贴论

农业信贷补贴论主张为农业发展提供信用贷款，进行农村金融支持。实行这一农村金融理论的关键在农民，尤其是在贫困农民不具备存储的能力、农村地区缺乏足够资金供应的时候。由于农民的收入不稳定、投入的资金期限长、获得的收益低等原因，农业很难从以营利为目标的商业银行获得贷款。因此，该理论认为，为增加农业生产和缓解农村贫困，有必要从农村外部注入政策性资金并建立非营利性的专门金融机构来进行资金分配；为缩小农业与其他产业之间的结构性收入差距，农业的融资利率必须较其他产业低。考虑到商业银行的利率一般较高，为促进农业生产的发展，国家可以通过农村支行和农业信用合作组织，将大量低息政策性资金注入农村。

实践表明，农业信贷补贴论很难取得成功。第一，专门的农业信贷机构和正规金融机构的资金来源受到了限制。政府对利率进行干涉，农村金融机构实行较低的贷款利率，贷款者很容易获得长期的低利率贷款资金，而存款利率较低，从农村地区吸收存款，无法产生太大的吸引力，导致专业的农业贷款机构并不能保证净存款者与净借款者之间的资金流动，无法成为真正有活力的金融中介机构。第二，低息贷款的主要受益人不是贫困农民。低息贷款的补贴集中转移到使用大笔贷款的较富有的农民身上，低息贷款的存在激励了非贷款目标受益人获得贷款，从根本上破坏了信贷计划目标的实现。当利率并不反映资本的真实成本时，资金会导致信用需求夸大，故补贴贷款必须定量配给。当较低的利率上限使农村贷款机构无法补偿由于贷款给贫困农民造成的高交易成本时，那么官方信贷的分配就会偏向较富有的农民。第三，政府支持的农村信贷机构不能有效监督借款者投资和偿债行为。农村信贷机构的业绩衡量标准通常是贷款的快速审批和贷款额的增长，而不仅仅是财务方面的业绩，这样就造成了借款者故意拖欠贷款。农村信贷机构管理中的低效率和低能力使拖欠率进一步恶化。例如，缺少常规会计核算以及贷款记录的不完备使得农村信贷机构很难确定贷款何时到期，而且很难强制实行贷款协议。因此，在大多数含补贴的农村信贷体系中，拖欠率较高，而这并不能只归咎于农业生产的高风险。第四，农村信贷机构没有可持续发展下去的能力。为了改变某些农村地区的贫困状态，有效的一种方式是建立可持续发展金融机制。农业信贷补贴政策对金融市场的健康发展造成了一定的阻碍，农村信贷机构运作的动力和可持续发展的能力均受到影响，导致实施农业信贷补贴政策付出了较高的代价，但获得的成效却是微乎其微的。

2.2.2.2　农村金融市场论

农村金融市场论是在对农业信贷补贴论批判的基础上产生的，农村金融市场论强调市场机制的作用，其主要理论前提与农业信贷补贴论完全相反。第一，农村居民以及贫困阶层是有储蓄能力的。有学者对发展中国家农村地区的农民进行研究，结果表明只要提供存款的机会，即使贫困地区的农民也可以储蓄相当大数量的存款，故没有必要由外部向农村注入资金。第二，过低的存款利率，降低了人们在金融机构存储资金的热情，对金融发展起到了阻碍作用。第三，运用资金的外部依存度过高是导致贷款回收率降低的重要因素。第四，由于农村资金拥有较多的机会成本，非正规金融机构的高利率是理所当然的。

农村金融市场论要求单纯依靠市场机制进行金融活动，反对政府干预金融市场，强调政府不应该干涉利率的高低，主张全凭市场的直接运作来决定利率的高低。该理论认为农村贷款利率实行自由化模式，可以变相地降低农村金融机构的运作成本。这样就可以要求它们像金融实体那样运行，从而承担适当的利润限额。实行市场利率可以鼓励金融中介机构有效地动员农民储蓄，使这些机构不依赖于外部的资金来源，同时承担起管理自己资金的责任；实行市场利率可以减少发放人情贷款，有助于改进补贴信贷计划不能落实的问题。事实上，贷款的利率高低对农民的贷款意愿并没有起到决定性的影响作用，而贷款服务的及时与否、申请手续及支付方式的繁杂程度对农民的贷款意愿影响更大。

实践表明，利率自由化并未使农民更容易从正规金融机构获得贷款。自由化的利率可能会减少对信贷数量的总需求，从而可以在一定程度上改善农民获得资金的状况。但是，借款的高利率和持有的担保品价值不足，可能会让农民无法借到期望的资金数额，所以，为了保障农民的利益，仍然需要政府的支持。

2.2.3 不完全竞争市场理论

美国经济学家斯蒂格利茨的不完全竞争市场理论的基本框架是：发展中国家的金融市场不是一个完全竞争的市场，尤其是放款一方（金融机构）根本无法充分掌握借款人的情况（不完全信息），如果完全依靠市场机制，就可能无法培育出一个社会所需要的金融市场。为了弥补市场失灵的部分，必须采取一系列非市场的因素，例如政府对金融市场的适当介入和借款人之间成立经济组织。斯蒂格利茨对于竞争不充分、借款人和贷款人之间信息不对称①等问题的研究结论具有首创性，且相关用于信息经济学的分析工具已经成为金融市场分析的重要工具。

不完全竞争市场理论认为，简单地提高利率水平会引发逆向选择和道德风险，从而加剧农村金融机构的资产质量恶化。不完全竞争市场理论显然不同于农业信贷补贴论，它为政府介入农村金融市场提供了理论基础。尽管农村金融市场存在的市场缺陷要求政府和提供贷款的机构介入其中，但必须认识到，任何形式的介入，如果要能够有效克服市场缺陷所带来的问题，都必须具有完善的体制结构。所以，发展中国家要参与农村金融市场，就需要对农村金融机构进行改革和强化，消除对农村金融市场有效运行产生负面作用的因素。可采取以下措施，例如取消政府对贷款机构实行优惠

① 斯蒂格利茨在20世纪70年代提出了信息不对称理论，该理论在经济学领域具有重要意义。他认为，在市场经济中，买卖双方的信息不对称是非常普遍的，这种信息不对称会导致市场失灵，进而导致经济问题。他通过对银行、保险和金融市场的研究，提出了解决信息不对称问题的方法，这些方法在现代金融市场和经济政策制定中得到了广泛应用。

政策的垄断；逐渐取消贷款补贴，将优惠贷款的政策偏向农民；实行利率自由化，使农村金融机构能够抵消部分金融成本。虽然外部资金是机构进行改革和启动的必要条件，但是从政府和提供贷款的单位所获得的资金，也能够用于满足机构建设的需要。这些资金可用于管理、监督和培训贷款人，建立健全会计、审计和信息管理系统等。

不完全竞争市场理论强调，借款人的组织化等非市场要素组织形式对解决农村金融问题是相当重要的。印度经济学家加塔克的研究表明，小组贷款能够提高信贷市场的效率，其分析模型解释了在小组贷款下，将同样类型的借款者聚集到一起，能够有效解决逆向选择问题。在正规金融机构的信贷中，银行由于无法完全控制贷款者行为而面临道德风险问题，但是，在小组贷款下，同一个小组中的同伴监督却可以约束个人从事风险性大的项目，从而有助于解决道德风险问题。

不完全竞争市场理论是新型小额信贷模式的理论基础。新型小额信贷模式旨在解决农村金融市场中交易成本高且信息不对称的问题。过去的小额信贷模式更偏向于依靠发放低息资金来帮助贫困农民，它是农业信贷补贴论的另一种形式，由于其忽视了金融机构的可持续性而很难长期存在。

2.2.4　新公共服务理论

公共服务理论的价值哲学基础源于民主社会的公民权。古希腊哲学家亚里士多德在《政治学》中首先提出了公民权，法国启蒙思想家卢梭则把公民界定为把社区利益放在心上的人。此外，美国哲学家桑德尔认为，政府的存在就是要确保一定的程序（例如投票程序）和公民权利，从而使公民能够根据自身利益做出选择。与这种观点相一致的还有行政官员应当把公民当作公民来看待，而不只是把公民看作投票人、委托人或顾客；公共管理者应当寻求更有效的回应，相应地提高公民的信任度。这些观点直接为新公共服务理论提供了价值基础。

美国公共行政学家登哈特夫妇在民主社会的公民权理论、社区和市民社会的模型、组织人本主义和组织对话的基础上，提出了新公共服务理论的七大原则。① 服务而非掌舵。这是七大原则中最突出的原则。公共管理者的重要作用并不是体现在对社会的控制或驾驭上，而是在于帮助公民表达和实现他们的共同利益。② 公共利益是目标而非副产品。公共利益是管理者和公民共同的利益和责任，是目标而不是副产品。新公共服务理论提出，建立社会远景目标的过程并不能只委托给民选的政治领袖或被任命的公共行政官员。政府的作用将更多地体现在把人们聚集到能无拘无束、真诚地进行对话的环境中，共商社会应该选择的发展方向。③ 战略地思考，民主地行动。新公共服务理论认为，符合公共需要的政策和计划，只有通过集体努力和协作的过程，才能够最有效地、最负责任地得到贯彻执行。为了实现集体的远景目标，在具体的计划实施过程中，依然需要公民的积极参与，使各方的力量集中到执行过程中去，从而迈向预期的理想目标。通过参与和推动公民教育计划、培养更多的公民领袖，政府就可以激发公民的自豪感和责任感。④ 服务于公民而不是顾客。新公共服务理论认为，政府与公民之间的关系不同于工商企业与顾客之间的关系。⑤ 责任并不是单一的。新公共服务理论要求公务员不应当仅仅关注市场，还应该关注法律、社会价值、政治行为准则、职业标准和公民利益。新公共服务理论意识到了这些责任的现实性和复杂性。⑥ 重视人而不只是生产率。新公共服务理论在探讨管理和组织时强调"通过人来进行管理"的重要性。在新公共服务理论看来，如果要求公务员善待公民，那么公务员本身就必须受到公共机构管理者的善待。⑦ 超越企业家身份，重视公民权和公共事务。新公共服务理论明确提出，公共行政官员并不是其机构和项目的业务所有者，政府为公民所有。

在现代主义视角下，公共行政被建构为一种科学、一种技术、一种阐释；而在后现代主义视角下，公共行政欲通过对"想象""解构""非领地化"和"变样"的强调来掀起一场变革官僚制的革命。新公共服务理论提出和建立了一种更加关注民主价值与公共利益，更加适合现代公共社会和公共管理实践需要的新的理论选择。一是它吸收了传统公共行政的合理内容，承认新公共管理理论对于改进当代公共管理实践所具有的重要价值，但摈弃了新公共管理理论特别是企业家政府理论的固有缺陷。二是它把效率和生产力置于民主、社区、公共利益等更广泛的框架体系中。三是对传统的公共行政理论和占主导地位的管理主义公共行政模式都具有某种替代作用。四是有助于建立一种以公共协商对话和公共利益为基础的公共服务行政。

新公共服务理论认为，新公共管理把"3E"[①]作为自己价值的基础，忽视

① 3E，是指 Economy（经济）、Efficiency（效率）、Effectiveness（效果）。

了公共管理中人对公平愿望的追求，无力担负起公共行政捍卫民主与公平的政治责任。公共服务的消费者是公民。

公共服务属于公共产品的范畴。按照公共产品的概念，公共服务应是一种具有非竞争性和非排他性的社会服务，是以一定的信息、技术或文化等形式表现出来的一种公共产品。公共服务根据内容和形式，分为基础公共服务、经济公共服务、公共安全服务和社会公共服务。基础公共服务是指那些通过国家权力介入或公共资源投入，为公民及其组织提供从事生产、生活、发展和娱乐等活动所需要的基础性服务，例如提供水、电、燃气、交通与通信基础设施以及邮电与气象服务等。经济公共服务是指通过国家权力介入或公共资源投入为从事经济发展活动的公民及其组织（企业）提供所需的各种服务，例如科技推广、咨询服务以及政策性信贷等。公共安全服务是指通过国家权力介入或公共资源投入为公民提供的安全服务。社会公共服务则是指通过国家权力介入或公共资源投入为满足公民的社会发展活动所提供的服务。

2.3　金融支持对乡村振兴的必要性

2021 年 5 月，农业农村部、国家乡村振兴局联合中国农业发展银行、中国农业银行、中国建设银行、中国邮政储蓄银行和国家农业信贷担保联盟有限责任公司发布了《社会资本投资农业农村指引（2021 年）》。该文件强调，应坚持尊重农民主体地位、保护好农民根本利益，同时明确了鼓励社会资本投资现代种养业、农产品加工流通业、乡村新型服务业等 13 个重点领域，提出了创新投入方式、打造合作平台、营造良好环境的具体措施，等等。2021 年 6 月，中国人民银行、银保监会发布《金融机构服务乡村振兴考核评估办法》，突出了金融对乡村振兴重点领域和薄弱环节的支持。围绕乡村振兴战略，国家正不断制定各种指引、办法，正向激励各级金融机构投入资金资源，创新方式和方法，全面提升金融支持乡村振兴的能力。

2.3.1　农村金融和乡村振兴的关系

农村金融是乡村振兴的重要杠杆，是实现农业农村现代化的推动力量。应从乡村振兴的全局和任务出发，创新、强化、壮大农村金融，充分发挥农村金融对乡村振兴不可或缺的重要作用。乡村振兴是“三农”工作的总抓手，是时代性的重大课题。深入研究农村金融与乡村振兴的关系，对于解决农村问题，推动乡村振兴战略实施具有重要意义。

乡村振兴，要解决“钱从哪来”的问题。要创新投融资机制，加快形成财政优先保障、社会资本积极参与的多元投资格局，其中最为重要的是推进金融支持重点向乡村振兴倾斜，充分发挥农村金融的重要作用。乡村振兴对农村金融的需求呈日益增长的态势，这是由乡村振兴的总要求、总任务、总目标决定的。乡村振兴是世纪性、时代性的宏伟工程。为了实现乡村振兴的总要求和实现农业农村现代化的总目标，迫切需要农村金融的支持。故要不断加大农村金融支持力度，持续增加农村金融投入总量，改善农村金融服务方式。

乡村振兴的本质特征是现代化。乡村振兴的现代化，是我国现代经济体系和国家现代化建设的重要组成部分。乡村振兴的现代化特征，充分体现在农业农村现代化、乡村治理现代化和实现人的全面发展上。现代化是乡村振兴的本质特征，实现现代化需要财政、金融等对乡村的支持。金融是现代经济发展与管理的杠杆，从这个意义上说，乡村振兴的目标和任务的实现，在很大程度上依靠和取决于农村金融的完善和壮大，取决于农村金融的改革与创新，取决于农村金融的支持与保障。

2.3.2 农村金融在乡村振兴中的定位与作用

农村金融在乡村振兴中应有新作为、新使命、新贡献，要在脱贫攻坚和全面建成小康社会中发挥作用。农村金融是乡村振兴的重要杠杆，是精准扶贫脱贫攻坚的有力支撑，是实现农村全面建成小康社会的巨大动力，是实现农业农村现代化的推动力量。农村金融在乡村振兴中处于重要的战略地位，既不能缺位，更不能错位。既要搞好财政、税收、人才、科技等乡村振兴政策的顶层设计，也要搞好农村金融政策的顶层设计。应从乡村振兴战略的全局和任务出发，创新、强化、壮大农村金融，充分发挥农村金融对乡村振兴不可或缺的重要作用。党的十九大报告指出，要深化金融体制改革，增强金融服务实体的经济能力。

2018 年，中共中央、国务院印发《乡村振兴战略规划（2018—2022 年）》，提出健全适合农业农村特点的农村金融体系，把更多金融资源配置到农村经济社会发展重点领域和薄弱环节，更好满足乡村振兴多样化金融需求。2019 年的中央一号文件《中共中央 国务院关于坚持农业农村优先发展做好“三农”工作的若干意见》和 2020 年的中央一号文件《中共中央 国务院关于抓好“三农”领域重点工作确保如期实现全面小康的意见》都对深化农村金融体制改革作出了明确部署。

改革开放以来，特别是党的十八大以来，我国农村金融改革不断深化，在实施精准扶贫脱贫战略、实现农村全面建成小康社会和推进乡村振兴战略等方面取得了积极成效。但是，按照实施乡村振兴战略对金融多元化、多样化需求的要求，农村金融还亟待解决一些深层次的问题。例如，农村金融均等化、普惠化程度低，农民缺乏贷款抵押担保条件，农村金融产品和服务供给不足，贷款交易成本较高，农村金融服务效率和质量亟待提高等。存在上述问题的原因之一是：农村金融改革缺乏系统性、集成性。因此，要进一步解决农村金融问题，需要深入贯彻习近平总书记关于深化改革的重要论述，从历史、全局、战略的高度，突出农村金融改革的时代性、思想性和实践性，在“扩面、提速、集成”上下功夫，促进农村金融发展实现质量变革、效率变革和动力变革。

2.3.3　农村金融改革的方向

一是大力推进农村金融改革向系统集成转变。深入贯彻落实习近平总书记强调的农村改革要“扩面、提速、集成”的重要论述，紧紧围绕农村金融效率和质量问题，推进农村金融系统集成改革，大力推进体制创新、方法创新、业态创新、产品创新。一方面，推进农村金融纵向系统集成改革。农村金融体制内部改革，不是停留在单个环节、单个业务领域的改革，而是要实现全环节、全要素、全业务的集成改革。推进农村金融从体制到业态、从产品到服务等，进行系统性与集成性改革。应重点抓好农村金融的六大体系改革，即组织体系、信用体系、支付结算体系、保证保险体系、抵押担保体系、村级服务体系等，提高农村金融改革的系统性、集成性。另一方面，推进农村金融改革与农村其他改革横向统筹集成改革。一些地方实践表明，农村金融改革不应仅停留在自身改革阶段，而应与农村其他相关的各项改革统筹融合，提高改革的整体效应。要把农村金融改革同基层财政改革、农村集体产权制度改革、宅基地“三权分置”改革、产权交易改革、农业保险改革、农村经营体制改革等横向配套改革集成推进,解决农村金融运行中的深层次矛盾和问题,打造农村金融改革的"升级版"。

二是大力推进农村金融改革向均等普惠转变。农村金融服务均等化、普惠化,是破除城乡二元结构体制,实现城乡资源配置均衡化、高效化的核心与关键。必须把农村金融服务均等化作为深化农村金融改革的重要取向,在农村综合改革进程中应深入推进农村金融供给侧结构性改革,消除城乡二元结构体制在农村金融领域的影响和弊端,合理配置农村金融资源。同时要大力转变农村金融服务理念和方式,改变和消除"重工轻农""重城轻乡""重大轻小"的狭隘意识。从均等化、普惠化的金融服务取向出发,大力转变金融服务方式,科学调控金融资源配置,大力扶持民营经济和新型农业经营主体。要建立健全农村金融均等化、普惠化供给的程序和机制,细化农村金融服务的规章制度和操作办法,提高农村金融供给效率和质量。

三是大力推进农村金融改革向实体实效转变。农村金融的体制、机制及产品、服务方式,特别是放贷与收贷方式,要适应新型农业经营主体和农业农村现代化新产业、新模式发展的需要,要适应农业绿色发展和转型升级的需要,要适应种养业季节性、生命性、周期性的需要,把农村金融运行规则同农业经营特点、实体运行需求和自然规律有机结合起来。同时,要防止在农村金融产品供给过程中出现"难贷、抽贷、断贷、提前收贷"等现象,要对农村经营的实体实效高度负责,让农村金融消费主体和农村经营实体增强效益感、获得感和安全感。

四是大力推进农村金融改革向智能高效转变。在现有农村金融管理和运行设施的基础上,积极应用大数据、互联网、云计算等现代信息技术,提高农村金融的智能化、智慧化、现代化水平。

五是大力推进农村金融改革向结构和机制优化转变。广西壮族自治区田东县的经验是,发展"农金村办""村镇银行"等新业态、新模式,优化农村金融结构和网点布局,扩大农村金融网点覆盖面,促进农村金融供需双方精准对接,降低农村金融交易成本,提高农村金融供给效率和服务能力。

2.3.4 农村金融改革的措施

随着农业供给侧结构性改革的深入、乡村振兴战略的实施、质量兴农和绿色发展农业产业的转型升级、数字农业和数字乡村的发展,农村金融消费需求发生深刻变化，新的金融消费主体及其新需求日益增多。因此，应以农村金融消费新主体、新需求为导向，创新农村金融产品和服务方式，提高与新时代农业农村现代化发展的适应度。

一是积极发展农村“六稳”“六保”[①]金融。围绕农村“六稳”“六保”任务，开发新产品，积极满足稳农保供、确保国家粮食和重要农产品供给安全、稳定农民工就业和开辟就业增收途径的金融需求。

二是积极发展绿色金融。创设绿色金融政策，创新绿色金融产品，从支持农产品数量增长向质量提升转变，从扶持资源消耗环境型产业向扶持生态资源环保型产业转变。

三是积极发展城乡融合金融。农村金融产品和服务要与城乡融合发展相适应。积极满足特色小镇、农字号小镇、商贸型小镇、产业强镇建设的金融需求。

四是积极发展精准扶贫金融。紧紧围绕实现乡村振兴战略和农村现代化目标开发金融产品，提供强有力的金融支持，对实现乡村振兴战略和农村现代化目标具有战略性意义。

五是积极发展农村新产业金融。积极满足农村生态产业、文旅产业、康养产业、休闲产业对金融的需求，助力乡村产业兴旺。

六是积极发展新型经营主体金融。积极满足农村家庭农场、种养大户、农民合作社、龙头企业、股份合作经济发展的金融需求。

七是积极发展农村现代基础设施金融。积极满足现代农业农村设施、农机智能化装备、农村电网改造、农业农村“互联网＋”、农村电商等现代化农业农村设施发展的金融需求。

八是积极发展农村民生金融。积极满足农村医疗、养老、文化、教育等民生事业发展对金融的需求。

九是积极发展扩大农村内需金融。积极满足农村新兴消费、新兴产业、新兴业态等对金融的消费需求。新时代农村金融消费的新主体、新需求既是农村金融改革的任务，又是农村金融发展的不竭动力。

十是积极发展农业保险金融。农业保险已成为农业农村重要的金融工

① “六稳”，是指稳就业、稳金融、稳外贸、稳外资、稳投资、稳预期。“六保”，是指保居民就业、保基本民生、保市场主体、保粮食能源安全、保产业链供应链稳定、保基层运转。

具，因此必须要扩大农业保险覆盖面，增加保险品种，提高风险保障水平，积极开发适应新型农业经营主体需求的保险品种，探索重要农产品目标价格保险，以及收入保险、天气指数保险等品种。支持发展地方特色优势农产品保险、渔业保险、设施农业保险，完善森林保险制度。开展农业保险保单质押贷款创新农村金融保险服务。深入推进农产品期货、期权市场建设，扩大“保险＋期货”试点，探索“订单农业＋保险＋期货（权）”的项目试点。面对“大数法则”赔付的自然灾害风险，再保险、巨灾保险应为保险公司分散风险，提高农业保险保障能力。

十一是扩大投融资渠道，建立长效机制。发挥财政杠杆作用，建立农村多元化的投资结构。财政资金和村集体经济一直是农村公共事业建设的主要力量，承担着农村日常的维护管理责任，其在农村地区建设中发挥的作用不会改变。政府通过提供专项资金对农村建设进行专项补助，并通过建设用地增减挂钩过程中的部分土地增值资金投资村庄环境整治，采取以奖代补、先建后补等方式提高资金的使用效率。此外，还可引入社会资金参与村庄建设，例如，通过成立村庄杰出人才委员会等方式吸引成功人士回乡参与村庄公共事务。

2.3.5　金融支持乡村振兴的探索

我国农业本身标准化程度较低，也就意味着农业产业化、规模化程度较差，在整个产业链上的风险控制较难保证，这对金融机构的金融支持落地造成了障碍，所以金融机构在投资农业产业的时候，对风险控制看得较重要。金融机构固然主观上愿意支持乡村振兴，但是多年来金融机构对农业产业缺乏全局性支持，更没有对应的产品和服务精准落地。银行等各类金融机构缺乏针对乡村产业链上各个参与者设计合理的风险控制体系，依旧采用城镇产业上的经验，甚至套用消费互联网的模式，对乡村产业发展的特点和规律把握不准，很难真正起到支持乡村振兴的作用。乡村振兴的金融支持是一种创新模式，不仅是产品模式创新，更是一种理念创新，依靠既有的方式和方法很难走出一条新路。

实现产业振兴，要把握乡村产业发展的特点和规律。习近平总书记在党的十九届五中全会上指出，构建以国内大循环为主体、国内国际双循环相互促进的新发展格局。这个新发展格局的关键是通过供给侧结构性改革，提高国内经济供给质量。以国内大循环为主体，意味着打通国内生产、分配、流通、消费的各个环节。我国金融机构，到具体落地环节的时候，较少考虑供给侧结构性改革问题，大多考虑的是局部问题或者闭环问题。

2.3.5.1　金融机构角度

要增加有效的金融供给，特别是要重点支持农村的全产业链发展，开展链式金融服务，推动更多的产业主体能够留在县城，让产业链上的价值增值部分能够更多地留给广大农民，能够把更多的就业机会留在农村，产业的收益能够更多地惠及农民。

2.3.5.2　业务实施角度

越来越多的金融机构也在大力发展数字普惠金融。未来数字技术肯定会在农村金融服务方面发挥重要作用。我国农业由于发展速度较慢，尤其是规模化、产业化水平不高，导致数字技术很难立刻发挥作用，出现了农业技术先期投入大但收益甚微的局面，农民及农村各级组织的教育成本较大。所以，农村数字普惠金融，需要刚性需求拉动数字技术的使用，需要学习消费互联网在开创新局面初期的精神和方式方法。乡村振兴战略的落地实施好似一种创业，无论是顶层设计还是实施细节，都需要用创业精神来开创。

2.3.5.3　金融机构中团队意识和能力角度

乡村金融的落地实施需要团队人员的执行，要培养团队人员的能力，不仅要在考核机制上对团队人员进行激励，更要向团队人员赋能。团队人员必须躬身入局，了解农业产业体系。

近年来金融机构、互联网巨头、高新技术企业、资源型企业、农业产业大户都出现过在农业产业上投资失败的经历，因为农业产业化和乡村振兴的金融支持涉及领域的跨界协同，考验的是综合能力。在国家全面实施乡村振兴战略的过程中，政府对金融服务、对金融机构以及金融机构中的人员都提出了前所未有的要求。在未来的规划中，随着农业、技术、人员的快速变化，金融与农业产业需要进入良性发展循环。

Chapter 3
第 3 章

新中国成立以来农村金融发展的历程及现状

梳理新中国成立以来农村金融发展的历程、农村金融发展的现状等，总结农村金融发展面临的困境，涉及农村商业性金融、农村政策性金融、农村合作性金融、非正规金融机构等方面。

3.1　新中国成立以来农村金融发展的历程

从世界各国农村金融的建立与发展历程来看，农村经济体制与金融有着密切的联系，从某方面来说，经济是金融发展的基础。自新中国成立以来，我国农村经济主体的单一化导致了农村金融需求呈现出单一化的特点，体现为农村金融约等同于农村信用合作社。改革开放后，我国农村经济朝着多元化的方向发展，多种经济成分并存的结构推动了农村金融结构逐渐多样化，但这并不意味着农村金融体系已经完善。相反，与农村经济发展速度相比，农村金融改革还较落后，这也说明我国农村金融体系与经济发展体制尚不协调。

3.1.1　1978 年以前：农村金融机构的发展处于不稳定时期

改革开放之前，中国农村金融体制发展道路充满了坎坷，集中体现在农村金融机构的不稳定。农村金融机构的不稳定使农村金融缺少一个稳定的发展环境。总体来说，在新中国成立后至改革开放之前，中国农村金融体制基本上处于国家的管控之下，这一时期的农村金融抑制普遍存在，农村金融本质成了计划经济的附属资金派发机构。

中国农村金融改革大致经历了以下四个阶段。第一个阶段是 1949—1950 年。这一时期新中国刚成立，农村正处于生产力恢复阶段，这个阶段农村的金融全部处于国家的管制之下，集中体现为农村生产力重建资金完全来自国家的财政拨付，农村金融尚未萌芽。第二个阶段是 1951—1954 年。1951 年，为更好地适应农村土地改革的需求，将农村手工业者组织起来提高农村生产力，国家批准成立了中国农业合作银行，这是中国农村最早的金融机构，是中国农业银行的前身，主要承担着按照国家经济发展计划办理农业的财政拨款和一年以上的长期贷款。该机构在 1952 年的机构精简过程中被撤销。第三个阶段是 1955—1962 年。1955 年，为了适应农业发展的需求，国家批准成立中国农业银行，与中国农业合作银行相比，中国农业银行的特点主要表现为除了支持财政拨款和长期贷款之外，也办理短期贷款业务，贷款对象也不再局限于农业生产合作组织，农民也是贷款对象的一部分。但是，在县级以下的业务活动中，中国人民银行和中国农业银行的职责范围很难区分，因此在1957年中国农业银行被撤销，并入中国人民银行。第四个阶段是1963—1965年。1963年，为贯彻国民经济“调整、巩固、充实、提高”的方针，国家加强了对农业的补贴，其中财政拨付是最为主要的一种补贴方式。为了更好地对农业补贴资金进行管理，国家批准成立中国农业银行，与前两次不同的是，这次中国农业银行的成立覆盖面更广，从中央到农村都有农业银行机构，并将之前由财政部门负责的支农资金和由中国人民银行负责的农业贷款也纳入中国农业银行管辖范围。在1965年的机构精简中中国农业银行因与中国人民银行业务冲突的缘故并入中国人民银行。

在中国农村金融改革中，农村信用合作社是不容忽视的一个重要金融机构，农村信用合作社为农村经济发展作出了贡献，也证明了金融对经济增长的支持作用。在土地改革之后，广大农民焕发出了前所未有的生产热情，但是生产设施的不足成为农民生产所面临的最大障碍。在这一过程，农村高利贷普遍存在。为了打击农村高利贷，国家鼓励农村通过互助的方式来解决资金不足的问题，由此诞生了农村信用合作社的萌芽。在1951年的全国金融会议上，国家决定成立农村信用组织，并采用试点试行、逐步推广的方式。农村信用合作社的出现解决了农民生产所面临的资金不足问题，极大地推动了农村经济的发展，截至1952年年底，全国已经基本实现了“一乡一社”。但是受当时政治环境与大部分农村信用合作社规模较小的影响，在之后的几年，农村信用合作社要么出现资金短缺的问题，要么与农村发展脱节，导致农村信用合作社的发展受到极大影响。1958年之后，人民公社的兴起使之前的合作经济被集体经济取代，农村信用合作社也失去了存在的基础被并入人民公社信用部。1977年，国务院批准将银行营业所与信用社合并成为一家新的机构，从此诞生了农村最为常见的金融机构——农村信用合作社。值得注意的是在农村信用合作社最为流行的一段时间内，农村信用合作社的本质是“民办”，也就是说最初的农村信用合作社只是农民互助解决资金问题的一个机构。1977年，国务院在《关于整顿和加强银行工作的几项规定》中提及，农村信用合作社既是集体金融组织，又是国家银行在农村的基层机构。此后，农村信用合作社的管理与发展也走上正轨。

3.1.2　1978 年以来:农村金融机构的分工与重组

1978 年改革开放之初,农村金融的发展并没有与改革开放保持同样的步调,相反,在改革开放后近 10 年,农村始终维持之前的金融体制,这也是至今农村金融与经济增长脱节的原因之一。农村金融体制改革起步于 20 世纪 80 年代末期,改革的主要动力是随着改革开放的发展,农村的经济货币化程度不断提高,对农村金融提出了更高的要求。但是,农村金融作为中国金融体系的一个重要组成部分,同时又与农村经济发展有着密切的联系,这就决定了农村金融改革必将同时受到国家金融体制改革以及农村经济改革的双重压力。从改革开放之后的农村经济改革进程来看,农村金融体制改革是紧随农村经济改革步伐的,时间间隔一般在两年。

改革开放之后,农村金融体制改革大致可以分为三个阶段。第一个阶段是 1978—1982 年。该阶段农村金融体制改革的最大特点是中国农业银行的恢复。1978 年家庭联产承包责任制的实施有效地调动了广大农民的生产积极性,农民收入的不断提高刺激了农村商品经济的发展,农村的财富总量与货币化程度有所提高,农户的金融性融资需求不断增加。对此,1978 年党的十一届三中全会在《中共中央关于加快农业发展若干问题的决定(草案)》中确定,恢复中国农业银行,大力发展农村信贷事业。1979 年中国农业银行正式恢复,同时中央政府决定农村信用合作社由中国农业银行管理。第二个阶段是 1983—1993 年。该阶段农村金融体制改革的主要特点是中国农业银行从之前的事业管理模式转变为企业经营模式,农村信用合作社从中国农业银行管理下独立出来成为一个合作金融组织。乡镇企业异军突起,农村产业产品结构朝着多元化的方向发展,伴随而来的是农村金融性融资需求的多样化。但是,当时的两大农村金融机构——中国农业银行和农村信用合作社无论是组织还是功能都较为单一。对此,1983 年国家提出将农村信用合作社打造为真正的合作金融组织的要求。第三个阶段是从 1994 年至今。随着社会主义市场经济体制基本框架的确定,农村经济货币化有了更进一步的发展。1994 年国家设立中国农业发展银行,实现商业性业务与政策性业务相分离;1996 年农村信用合作社与中国农业银行脱离行政隶属关系,从而初步形成农业政策性金融、商业金融合作与金融分工协作的农村金融体系。

3.1.2.1 中国农业银行的发展

自新中国成立以来，中国农业银行经历多次撤销和成立的历程，使得农村金融始终缺少一个稳定的金融机构。改革开放以来，家庭联产承包责任制的实施使得农村从之前的产品经济逐渐向商品经济转变，农村市场体系初步建立，农村对金融的需求迅速增长。面对这一现象，1979 年 2 月，国务院通过《关于恢复中国农业银行的通知》，规定中国农业银行的主要任务是：统一管理支农资金，集中办理农村信贷，领导农村信用合作社，发展农村金融事业，要求中国农业银行自上而下地建立各级机构，同时将农村营业所和农村信用合作社划归中国农业银行领导。这一规定标志着中国农业银行踏上了改革之路。

第一个改革是业务范畴改革。新成立的中国农业银行不仅办理农村的各项存款业务和农业贷款业务，同时也兼顾农村的工业贷款和农副产品的收购贷款以及供销合作社的系统贷款。此次改革的主要目的是适应家庭联产承包责任制的实施给农村经济带来的巨大改变。家庭联产承包责任制使农民的收入较之以前有了很大的提高，农民手中闲余资金的增多带来的是商品经济的迅速发展，农产品加工业也在农村出现。中国农业银行为了进一步支持农村经济的发展，通过改革信贷管理办法的方式打破了统存统贷的旧格局。

第二个改革是经营管理方式改革。1984 年以后，我国的经济体制改革由农村推向城市，经济体制改革全面展开。此时的农村经济改革进一步深化，突出表现在乡镇企业迅速发展，农村外向型经济日趋活跃。在金融改革领域，以设立中国工商银行和中国人民银行专门行使中央银行职能为标志，我国金融体制从整体上开始进入“中央银行＋专业银行”的体制阶段，中国农业银行作为经济实体，其经营机制和业务领域出现了新的变化。多种形式的农村金融机构和农村金融组织在这一时期开始出现并得到不同程度的发展，农村金融体制改革全面展开。但是这个时期的改革带有强烈的过渡性特色，反映了新旧经济体制交替的历史背景。中国农业银行作为国家专业银行，在推行企业化经营拓展新的服务领域方面获得突破性进展。“农业银行企业化”成为这一时期农村金融改革的主旋律。中国农业银行开始成为突破专业分工、地域限制，办理城乡金融业务的综合性银行。同时，中国农业银行还被当作行政管理机关，受托代行中央银行的部分职能，并管理农村信用合作社。由于承担农村大量政策性任务，中国农业银行充当着政府金融的角色。这一时期由于提倡专业银行打破分工、业务交叉，中国工商银行、中国建设银行、中国交通银行等多家银行及保险公司逐步在农村设立网点。除此之外，一些投资、集资、融资机构，包括各种形式的财务公司、基金会等开始涌现。这其中既有经济发展、市场竞争的合理需要，又存在竞争成本和金融风险加大等消极现象。农村金融体制面临着进行调整的任务。

党的十四大、十四届三中全会及随后国务院做出的《国务院关于金融体制改革的决定》，确立了我国金融体制改革的目标：建立在国务院领导下，独立执行货币政策的中央银行宏观调控体系；建立政策性金融与商业性金融分离，以国有银行为主体、多种金融机构并存的金融组织体系；建立一个统一开放、有序竞争、严格管理的金融市场体系。农村金融体制改革的目标是：逐步形成政策性银行、商业性银行、合作金融组织密切配合的金融体系。随着中国农业发展银行分设，农村信用合作社脱钩，中国农业银行在前期企业化改革的基础上，开始实施向国有商业银行的全面转轨，成为农村金融体系中占主导地位的商业银行。以 1995 年全国银行业经营管理工作会议为标志，中国农业银行走上了目标明确的建设社会主义国有商业银行的道路。在 1995 年后的商业化转轨过程中，中国农业银行逐步建立以利润目标为考核对象的经营机制，提出了“转轨不转向”的经营思想，把支农看成是国有商业银行的职能之一。1998 年后，原划给中国农业发展银行的农业开发等政策性贷款划回中国农业银行，实行分账经营、单独考核，中国农业银行在支持农村经济发展中仍处于主导地位。

3.1.2.2 中国农业发展银行的发展

中国农业发展银行是独立于中国农业银行之外的一个政策性银行，随着农村经济的不断发展，中国农业银行由于同时兼顾城乡的存贷业务，难以将重心放在农村金融发展中。为了更好地对农村资源进行配置，1994 年，国务院发布《关于组建中国农业发展银行的通知》，同年 11 月，中国农业发展银行成立。与中国农业银行相比，中国农业发展银行所承担的职责更具有针对性。中国农业发展银行的主要任务是：在国家法律法规允许的情况下，以国家信用为基础来筹集农业政策性信贷资金，承担国家规定的农村政策性金融业务，代理农村财政的拨付，为农村经济发展服务。作为一家政策性银行，中国农业发展银行的业务始终集中在与农村经济息息相关的范围内。中国农业发展银行成立之初将粮、油、棉等农村主要产品作为银行的主要业务，办理专项储备贷款的同时开展各种农村经济发展的金融支持，特别是农副产品的回收、销售和加工贷款等。中国农业发展银行将农村基础设施建设和技术发展作为贷款对象，对于国家规定的农林牧副渔基础设施建设给予贷款支持。除此之外，中国农业发展银行还尝试办理企事业单位的存款与结算业务，并开始发行金融债券和办理境外筹资。为遏制粮食企业挤占挪用收购贷款，保证粮食收购资金的供应，中国农业发展银行对其经营业务的范围做了调整，将扶贫贷款、农业综合开发贷款、农业基本建设和技术改造贷款、林业治沙贷款、中国人民银行划转专项贷款及其他贷款划回中国农业银行管理，集中力量配合国家粮食流通体制改革进行粮棉收购资金管理，实行收购资金封闭运行。

3.1.2.3 农村信用合作社发展

自1951年农村信用组织的出现到1977年农村信用合作社的成立，农村信用合作社在中国农村金融发展中扮演了十分重要的角色，解决了农村经济发展初期资金不足的问题，但是也经历了坎坷的发展道路。1983年，中国农业银行下发《关于改革信用社管理体制试点的通知》，提出逐步恢复和加强农村信用合作社的“三性”，即组织上的群众性、管理上的民主性、业务经营上的灵活性，由此拉开了农村信用合作社的改革序幕。在1984年前后，全国农村信用合作社开展了一次确股、扩股和分红派息行动，全国80%的农村信用合作社都参与了这次改革。随着农村信用合作社成为一个完整的全国性金融机构，农村信用合作社也逐渐地在全国各地建立县级信用合作联社（简称县联社）。

县联社与中国农业银行成为农村经济发展的双重金融保障，但是在实际经济活动中县联社仍旧处于中国农业银行的领导之下。1990年，中国人民银行颁布《农村信用社管理暂行规定》，进一步削弱了中国农业银行对农村信用合作社的管理，在一定程度上农村信用合作社实现了机构设置与人事管理的独立。1996年，《国务院关于农村金融体制改革的决定》明确提出农村信用合作社的改革步骤是：农村信用合作社与中国农业银行脱离行政隶属关系;按照合作制原则重新规范农村信用合作社;为保证农村信用合作社与中国农业银行脱离行政隶属关系后在管理上的连续性,要首先充实加强县联社和中国人民银行县支行的联系。

3.2　农村金融发展的现状

3.2.1　需求现状

3.2.1.1　农户的金融需求现状

作为农村金融的借贷主体,农户的生产和生活状况决定了农村社会经济发展的基本走向,因此农户的金融需求直接决定了农村金融发展。

不同的农户在金融需求上是存在一定差异的,其中收入水平是决定农户金融需求的主要因素,不同的收入水平决定了农村居民对金融的需求不同。对于低收入家庭而言,较低的收入使得他们只能依靠借贷来维持生活和生产,但是农村因金融发展起步较晚,金融机构较少的缘故,这些家庭大多数无法从正规的金融机构获得支持,只能通过民间小额信贷或者政府提供的扶贫资金中获得帮助。对于中等收入家庭而言,虽然收入较低,但是基本的生活能够得到满足,拥有稳定的资产来源。以这些资产为依托,这类家庭比较容易从正规金融机构中获得资金,进而拓展自己的财富来源渠道。对于高收入家庭而言,已经积累了部分财富,再加上拥有一定的固定资产可以用于抵押,因此这类家庭一直以来都是金融机构的主要客户,也是农村金融需求的主力军。综上所述,可以发现在农村的三类家庭中,高收入家庭固然是农村金融的主力军,但是决定农村金融发展的决定性因素是农村的短板——低收入家庭的金融需求。

事实上,为了解决农户的额外支出,增加农户的收入,政府自改革开放以来始终将提高农村社会保障覆盖率作为工作的重心,但是在实际中存在个别农村地区医疗、教育、养老等制度不健全的问题。这些问题增加了农户的额外支出,使得农户对于闲置资金的处置往往选择储蓄而不是投资。值得注意的是,农村的融资需求并不是很强。原因在两个方面:一方面是以银行为代表的正规金融机构为农户提供的金融支持成本较高、周期较长且约束力较大，农户对于正规金融机构的金融需求并不是很强烈，在小额信贷上更倾向于民间借贷；另一方面则是很多农户主要以农产品生产来增加财富，这种财富获取方式盈利空间较小，收益时间较长，在一定程度上挫伤了农户的金融需求。

3.2.1.2　农村企业的金融需求现状

不同于乡镇企业，农村企业主要指的是使用一定的劳动资料，独立经营，自负盈亏，从事商品性农业生产以及与农产品直接相关活动的营利性经济组织。农村企业既包括以土地为投入要素直接经营农林牧渔的经济组织，也包括农业产前、产中、产后各环节的加工、服务等相关活动的企业。虽然说与乡镇企业相比，农村企业规模较小，发展速度较慢，但是作为将农产品转化为经济收益的关键环节，农村企业对农村经济的发展有着极大的意义，再加上农村企业较之农户需要更多的资金支持，因此农村企业的金融需求不容忽视。中国农村企业主要有三种类型，即农业龙头企业、农村专业化合作组织、农村资源型小企业，三种企业的特点不同，金融需求也有所差别。

农业龙头企业是三类企业中最为成熟的企业类型，主要承担着农产品的深加工和销售工作，良好的发展前景使得这类企业成为金融机构追逐的对象。但因为这类企业能够整合农村生产资源，提供大量的就业岗位，政府一般会为其提供政策资金支持。对于这类企业而言，稳定的农产品来源和客户群体使得这类企业的金融需求并不是很强。

农村专业化合作组织是农村中最为常见的一种企业类型，它是农户自发组织的一种企业类型，资金也主要由农户成员提供，因此农村专业化合作组织对于资金的需求较大。但是由于农村专业化合作组织主要以农业生产为核心，缺少对农产品的后续利用，因此不仅投入周期较长，而且收益率较低，金融机构对这类企业并不是很热衷。

农村资源型小企业是农村企业的主体，与农业龙头企业和农村专业化合作组织相比，这类企业的最大特点是得到了乡镇政府的大力支持，原因是这类企业利用本地区的资源生产居民所需的日常生活用品，对地区经济有着极大的促进作用。但是由于农村资源型小企业所面向的市场基本上处于完全竞争状态，因此经营风险较大，金融机构对其放贷也十分谨慎，导致农村资源型小企业不得不借助民间借贷解决资金问题，而民间借贷较高的利率加大了企业的生产成本，限制了企业的发展。

不同的企业类型对于农村金融的需求不同，同类企业在不同的发展时期金融需求也是不相同的。一般来说，在企业的成立初期阶段，由于产品市场没有完全打开，企业产品给企业带来的利润有限，这种情况下企业的金融需求较大，但是由于企业的未来发展前景不明朗，因此很难从正规金融机构中获得资金支持。在企业的发展阶段，企业产品已经初步被市场接受，也有了可用于抵押的资产，这一阶段的企业大多处于收支持平状态，企业的金融需求一般较为强烈，但是正规金融机构对于这一阶段企业的支持十分有限，在没有政府担保的情况下企业从正规金融机构借贷的概率较低。在企业的成熟阶段，产品市场培育成熟，利润空间较大，可用于抵押的资产较多，企业的金融需求也主要集中在扩大企业规模上。较之前两个阶段，此阶段金融需求的强度大幅度下降，而正规金融机构对于这类企业的支持力度较大，使得企业比较容易从正规金融机构中获得资金支持。

3.2.1.3　政府对农村支持的金融需求行为

政府对农村支持导致的金融需求行为可以理解为农村社会发展对社会公共产品的需求。一是农村基础设施建设，二是农业基础设施建设，三是农业科技创新发展，四是贸易流通建设。与城市相比，农村的基础设施极为薄弱，而不断发展的农村经济又对基础设施提出了更高的要求。这种情况下政府的财政支持极为有限，只能够依靠金融机构来发展农村社会公共产品。具体来说，不同的农村社会公共产品金融需求也不尽相同。

农村基础设施建设包括农村道路、能源、水利、通信等的改造和新建。这些农村公共产品供给的主要特点是需求量大，资金使用周期长，回报率低甚至无回报率。农村基础设施建设主要由政府来完成，但是单纯依靠政府的财政支持，农村基础设施建设基本上不可能完成。因此，在农村基础设施建设过程中，政府对金融需求较为强烈，但是资金使用周期长、收益低的特点使得金融机构并不愿将资金投入这一领域。

农业基础设施建设主要包括提高农业生产的基础设施建设，例如农村生产基地的改造、农村土地的保护和治理等。当前，推进社会主义新农村建设正在稳步进行，农业基础设施建设必须跟上步伐，这需要金融机构的支持。

农业科技创新发展主要包括农业生产技术的研发，这类公共产品的金融需求强烈，但风险较高，收益无法得到保障，因此很难得到正规金融机构的支持。当前，中国农村正处于经济建设的关键时期，农业科技创新发展的地位不断提高，金融需求较为迫切。

贸易流通建设是打造农村经济动脉的关键要素，主要以寻找上下游合作企业为主，由于并没有直接涉及生产领域，因此贸易流通建设的金融需求相对较弱。

综上所述，中国农村金融需求主要呈现两个特点。一是资金需求量大，这点从农村金融需求主体对农村金融的需求可以看出，农村专业化合作组织、农村资源型小企业等对金融需求极大。随着农村经济的发展、农民消费观念的改变，农户在住房、子女教育等生活性的消费需求明显增加，对生活性的金融需求随之加大，加之农村正在进行农村基础设施建设、农业基础设施建设、农业科技创新发展等，金融机构的支持变得尤为重要。二是资金需求多样化。中国农村经济建设，需要投入大量的资金，仅仅依靠财政支持是不够的，必须依靠金融机构的支持。

3.2.2 供给现状

农村金融供给与农村金融需求是相对的，金融需求高于金融供给将会导致农村经济发展缓慢，原因是金融需求无法得到满足，农户和农村企业也就无法得到足够的资金支持，而金融供给高于金融需求则会导致资金溢出。农村金融供给主体一般包括正规金融机构和非正规金融机构两大部分，其中正规金融机构由合作性金融机构、商业性金融机构、政策性金融机构等组成，非正规金融机构则包括村镇银行、小额信贷公司、农村互助资金组织等金融机构。

3.2.2.1 农村正规金融机构的金融供给

1. 合作性金融机构的金融供给

在农村金融体系中，农村信用合作社是最具有代表性的合作性金融机构，也是与农户有业务往来关系最多的金融机构。农村信用合作社覆盖全国的各个乡镇，是农村金融供给的主力军。自成立以来，农村信用合作社有力地支持了全国农村金融与经济的发展。随着国家对农村经济的重视度不断提高，中央政府采取了各种措施加大支农投入，而农村信用合作社作为农村金融供给的重要力量，也在不断加大对农村经济的支持。

2. 商业性金融机构的金融供给

商业性金融机构是农村金融体系中出现最早的金融机构。虽然说与合作性金融机构的农村信用合作社相比，商业性金融机构并没有将农村金融市场作为主要的发展目标，但是商业性金融机构丰富的金融实践经验与庞大的资金使其成为农村金融市场中不可或缺的一环。农村商业性金融机构主要有中国农业银行和中国邮政储蓄银行。中国农业银行是中国四大银行之一，也是中国金融体系的重要组成部分。中国农业银行成立的初衷是解决农村经济金融支持不足的问题。虽然自 1995 年以来中国农业银行逐渐实现企业化经营，经营的重心开始逐步转移到收益率更好的城市金融市场，但是农村金融仍旧是中国农业银行关注的重点，对于农村企业中国农业银行给予了很大的支持，有力地推动了农村经济结构的优化。中国邮政储蓄银行的市场定位是利用自身网点分布优势，主要经营金融零售业务，为城乡居民提供基础的金融服务。中国邮政储蓄银行网点遍布全国城乡，其分布密度较大。中国邮政储蓄银行在农村吸收的大量存款主要上缴给中国人民银行，由中国人民银行支配使用，中国人民银行将这部分资金部分用于购买国债，部分通过国有商业银行放贷，大部分被国有企业占用，只有很少数的资金返还到农村金融领域，导致中国邮政储蓄银行成为农村资金流出的重要渠道，加剧了农村金融供需的不平衡。

3. 政策性金融机构的金融供给

政策性金融机构顾名思义是由政府设立，以贯彻落实国家政策，不以营利为目的的各种金融机构。中国农业发展银行属于政策性金融机构。现实中，中国农业发展银行的主要资金来自中国人民银行的再贷款，主要承担着办理农副产品相关业务的职责，例如专项储备贷款、收购贷款，同时发放少量的政策性金融债券。自成立以来，中国农业发展银行作为支持农村金融政策发展的主要力量，对于农村金融体系的完善与经济的发展具有重要意义。1998 年，国务院对中国农业发展银行的业务进行了新的规定，部分业务被转移到中国农业银行，这就导致中国农业发展银行对农村金融的供给力度大幅度下降，仅仅集中在粮棉油收购资金上。中国农业发展银行多承担主要粮食作物的相关贷款业务，其与农村和农户并没有形成直接的借贷关系，业务的局限性极大地限制了中国农业发展银行功能的发挥，导致其对农村经济增长贡献十分有限。这样的局面带来了极大的副作用，一方面影响了中国农业发展银行的商业化改革和进程，另一方面也不利于中国农业发展银行发挥促进农村经济发展的政策优势。

3.2.2.2 农村非正规机构的金融供给

非正规金融机构与正规金融机构是一个相对的概念，两者的主要区别集中在正规金融机构是受到政府的直接管制，而非正规金融机构则在不违背法律政策的前提下不受到政府的直接管制。中国农村金融市场尚不完全成熟，农村存在一定数量的非正规金融机构，以村镇银行、小额信贷公司为主。非正规金融机构盛行于农村是由多个因素共同决定的，一是农村居民较之城市居民贷款的一个主要特点是金额小、期限短，而正规金融机构涉及的大多是长期的大额贷款，与农户的实际需求不符，因此农户逐渐将贷款目光转向非正规金融机构。二是正规金融机构的借贷手续烦琐，急需资金的农户无法接受周期较长的借贷资格审查，大多通过非正规金融机构来完成融资目的。农业生产先天就具有收益低、回报时间长的特点，因此正规金融机构对农户贷款始终是慎之又慎，而非正规金融机构虽然利率较高，但是审批迅速，因此越来越多的农户选择非正规金融机构。事实上，农村非正规金融机构盛行的原因为正规金融机构的金融供给不足，而非正规金融机构的存在则很好地弥补了正规金融机构存在的不足。

1. 村镇银行

村镇银行顾名思义指的就是那些只为当地乡镇农户和企业提供金融服务的金融机构。与银行等正规金融机构相比，村镇银行属于一级法人机构，具有独立的民事行为能力，而农村的中国农业银行、中国邮政储蓄银行等都是分支机构，并不具备独立的民事行为能力。村镇银行设立的初衷就是为了弥补当时农村信用合作社和中国邮政储蓄银行业务上所存在的不足，解决农户和乡镇企业的小额贷款问题。村镇银行近年来的迅速发展似乎为农村金融发展提供了一条全新的途径，但是在农村金融发展的背后也不能忽视村镇银行本身所固有的缺陷。村镇银行的成立是建立在乡镇经济基础之上的，而村镇银行又以乡镇企业和农户作为主要营业对象。这就决定了村镇银行无论是资金来源还是业务范围都较小，抵御风险能力较差，再加上其他金融机构的竞争，村镇银行的发展前景并不容乐观。

2. 小额信贷公司

小额信贷公司是农村一种新兴的金融机构，一般来说，小额信贷公司普遍缺少“官方”色彩，大多是私营企业，这类组织与其他金融组织相比最大的特点是审批流程简单，贷款数额较小，因此成为一些急需资金农户的首要选择。但是，小额信贷公司能否成为一种普遍的农村金融机构仍旧有待观察，原因是有限的资金导致小额信贷公司的贷款规模有限，利润空间较小，发展速度缓慢。面对较高的利率，除非是处于资金极度困难的情况下，否则农户并不倾向于选择小额信贷公司，再加上信贷技术匮乏、风险意识淡薄、监管缺乏等问题，小额信贷公司的未来发展还有很长的路要走。

3. 农村互助资金组织

农村互助资金组织是指经银行业监督管理机构批准，由乡镇、行政村农民和农村小企业自愿入股组成，为社员提供存款、贷款、结算等业务的社区互助性银行业、金融业组织，实行社员民主管理，以服务社员为宗旨，谋求社员共同利益。农村互助资金组织作为新兴的金融机构，能够实现与农村信用合作社的优势互补，弥补农村金融中存在的资金供给不足的问题。农村互助资金组织的建立，补充了我国正规金融机构的供给缺口，能够满足部分农户的资金需求。与此同时，农村互助资金组织较为清楚地掌握了农户信息，能有效规避风险。

农村互助资金组织这一非正规金融机构相对于其他的正规金融机构更能够方便百姓，是农村经济发展和农民增收的重要力量。农村互助资金组织发展的时间较短，还有很多问题需要解决。例如，组织中的贷款行为短期化、组织互助功能不强、自我管理能力弱、激励约束机制缺失等。实现农村互助资金组织的长期发展，一方面需要创造良好的外部条件，包括完善的法律约束，良好的政策环境，规范的金融体制；另一方面需要完善内部结构，提高管理能力，建立有效的激励约束机制。

综上所述，中国农村金融供给主要呈现出以下两个特点。第一，正规金融机构的金融供给逐渐下降，对农村经济增长的支持度有所降低。这是由农村金融机构盈利空间有限，正规金融机构大多选择吸收农村储蓄，将资本转入城市金融市场所决定的。正规金融机构作为农村金融供给体系的核心,其金融供给在农村经济增长中仍旧具有举足轻重的地位。第二,近年来非正规金融机构的金融供给逐步上升,在农村经济增长中扮演着越来越重要的地位。尤其是非正规金融机构所具有的灵活便捷的特点很好地解决了农户对小额信贷资金的需求问题。但是非正规金融机构起步较晚,加之激烈的竞争环境,非正规金融机构的未来发展前景不容乐观,其能否成为农村金融供给的主力军有待考察。

3.3 农村金融发展的困境

3.3.1 农村商业性金融发展存在的问题

3.3.1.1 脱离农村市场严重,供给主体数量较少

我国农村金融尚处于起步阶段,再加上农业生产的投资回报率较低,投资风险较高,因此我国商业性金融机构纷纷采取从农村抽调资金然后转移到城市的做法。这种行为导致农村金融供给服务减弱,农村商业性金融机构偏少,农村金融供给主体较少等农村金融服务问题。

3.3.1.2 服务与需求之间存在较大差距

中国是从计划经济逐步过渡到市场经济的,这种独特的经济决定了中国农村商业性金融机构并不是随着农村经济发展到一定程度自发出现的,而是国家为了农村经济发展的需要,以行政手段建立起来的。这种建立方式造成了农村商业性金融先天就对农村金融市场缺少足够的了解,体现为农村金融体系中商业性金融机构与其他金融机构业务交叉现象严重;商业性金融机构与农村经济联系薄弱,存在随时"抽身而走"的可能性;商业性金融机构的业务并不符合农户的实际金融需求。

3.3.1.3 金融产品单一,缺乏创新

和城市较为完善的金融服务相比,农村金融产品单一,而且缺乏创新。我国农村金融市场的大部分金融业务为存款、贷款,金融产品基本没有,农村金融机构金融创新缺乏动力。首先,农村金融市场垄断,没有创新的动

力。农村信用合作社承担了全国大部分地区的农户和农村中小企业贷款，这种一支独大的局面，造成了农村信用合作社没有动力进行金融产品和金融服务的创新。其次，中国农业发展银行作为政策性金融机构，并没有自己独立的利润和收益，而且其行为受控于中央政府，因此没有能力创新。最后，中国农业银行虽然把服务“三农”作为发展的宗旨，但是其业务在农村地区不断萎缩也是事实。中国农业银行在一定程度上承担了农村政策性贷款，但也仅仅是为了完成任务，因此没有进行金融创新的动力。

3.3.2　农村政策性金融发展存在的问题

3.3.2.1　体系不健全，经营业务单一

政策性金融的一个基本任务是为国家政策的推行提供金融支持，这就决定了农村政策性金融经营业务范围相当狭小。例如，中国农业发展银行作为中国唯一一家农业政策性银行，其业务范围主要集中在粮棉油的收购上，政策性金融支持经济增长的作用无法得到充分发挥。

3.3.2.2　定位不明晰，职责不明确

虽然中国农业发展银行是中国唯一的一家农业政策性银行，但是这并不意味着其他银行不具备政策性金融支持的能力。中国金融体系中承担政策性金融业务的银行有农村信用合作社、中国农业银行和中国农业发展银行。这三家金融机构在业务范围上存在很大的交叉和错位导致农村政策贷款面临难题，要么政策贷款能够同时从三家银行获得，要么政策贷款找不到金融支持，这种现象对农村金融的发展造成了极大的干扰。

3.3.2.3　政策性资金使用率不高

中国农业发展银行的资金主要用于支持农产品生产和粮棉油产品的收购，发放的贷款却难以收回。该问题的主要原因是中国农业发展银行投入的资金往往被挤占、挪用，农业生产资金转向非农领域银行贷款无法收回，形成了各类坏账。合作金融是合作经济的一种，我国农村的合作金融组织主要有农村资金互助合作社、农村信用合作社、合作基金会等组织。

3.3.3　农村信用合作社发展存在的问题

农村信用合作社作为农村主要的金融机构，是农业和农村经济发展的

主要资金来源和联系农民的金融纽带。尽管农村信用合作社的机构网点覆盖了大部分农村区域,并且几乎处于垄断的地位,但在商业化改革导向的影响下,农村信用合作社同样为追求自身利益最大化而选择性地发放贷款,表现出“非农化”和“城市化”的倾向。一般农户获得贷款的可能性大大降低,导致农户从农村信用合作社得到的贷款与农户储蓄极不相称。由于自身产权不清、结算手段落后和电子化程度低等技术因素的约束,农村信用合作社组织存款、开拓业务的能力难以提升,存款增量大大落后于邮政储蓄等机构,这也或多或少地影响了金融服务能力。

近年来,农村信用合作社由于自身面临诸多问题,在支农道路上举步维艰。第一,农村信用合作社存在资金外流的现象。服务“三农”一直是农村信用合作社的目标和使命,但该目标的实现却面临以下问题。一是我国农村信用合作社存在先天“合作性”的缺失。二是农村信用合作社与中国农业银行脱钩后,各级农村信用合作社作为独立法人在营利动机的驱动下,把资金更多地投向获利机会较大的乡镇企业和个体工商户。三是中西部地区农村信用合作社把从农村吸收的存款投向经济发达的东部和东南沿海地区,使原本就短缺的农村资金不断外流。第二,农村信用合作社历史债务包袱沉重,不良资产较多,对于农业支持也是有心无力。农村信用合作社在2003年改革前,不良贷款率就已经比较高,虽然改革后有所缓解,但整体来讲并不乐观。第三,民主管理与内部人控制之间的矛盾。我国农村信用合作社民主管理缺乏制度基础,从内部看,农村信用合作社的经营管理权多集中在领导人身上,这就容易使农村信用合作社的经营目标变成农村信用合作社职工的利益最大化或领导层少数人的利益最大化,在业务经营上偏离了主要为社员服务的宗旨,跨社区和非社员的信贷业务占有极大比重。加之在有些地区,农村信用合作社受乡镇地方行政干预较多,缺乏经营自主性,支持了一些重复建设、盲目建设项目,造成农村信用合作社不少呆账贷款,严重影响了自身的经营利润。

随着农村信用合作社改革整顿、机构网点进一步减少,一个信贷人员服务于几百甚至几千家的农户,方圆十几千米的区域,服务很难到位。所以,在商业性银行在农村收缩战线、政策性银行功能缺位的情况下,农村信用合作社由于自身先天不足,难以有效支撑“三农”经济发展。诸多因素导致农村信用合作社无力提供农村经济主体所需要的金融服务,农村经济的进一步发展，迫切需要多样化的金融服务。现行的农村信用合作社改革已经取得了阶段性的成果，但仍然存在一定的困难，一定程度上阻滞了我国农村经济的发展。因此，农村信用合作社仍需进一步改革来促进发展。

3.3.4　农村邮政储蓄发展存在的问题

农村邮政储蓄的“虹吸”效应，削弱了金融支持的力度。在1986年出现了较大的通货膨胀以后，中国人民银行批准在邮政系统内成立了邮政储汇局，它是国家为了抽紧银根、紧缩货币供应量、抑制通货膨胀等而开办的。

农村邮政储蓄以与其他商业银行和农村信用合作社相同的利率吸收存款，再以较高的利率转存中国人民银行。农村邮政储蓄保持着“只存不贷”的经营状况，并且储蓄资金转存央行，就相当于是投资了无风险金融产品，农村邮政储蓄可以稳赚利差收入。多年来，凭借得天独厚的政策因素，尤其是在农村合作基金会被清理整顿和国有商业银行大量撤并在农村的机构网点后，农村邮政储蓄利用其遍布城乡的营业网点，以及便捷快速的邮政汇兑系统优势，采取各种手段抢占市场，大量吸收储蓄存款。农村邮政储蓄的存款增长率历年均高于银行和农村信用合作社等其他金融机构的储蓄存款增长率。

农村邮政储蓄资金主要使用方向为银行间同业拆借、债券市场运作和商业银行的大额协议存款，只有很少一部分是以支农再贷款的形式返流给农村。为此，政府必须采取有效的制度安排促使农村邮政储蓄资金回流农村。农村邮政储蓄利用邮政网点的基础设施、人员等优势，在农村吸收大量的资金，然后将其转移、用于其他地区的非农项目，造成了农村资金的大量流失。农村邮政储蓄“只存不贷”的功能分流了大量资金，造成地方资金的“失血效应”，加剧了农村金融中的资金供求矛盾。

3.3.5　农村合作性金融发展存在的问题

3.3.5.1　法律主体地位缺失

一般来说，金融体系成熟的一个重要标志是国家拥有大量的法律法规来对金融组织进行规范。中国的金融法律法规更多的是站在全国金融体系发展现状的高度上制定的，忽视了农村金融发展的特殊性，缺少针对农村金融的法律法规。这就导致了农村合作性金融机构至今无法得到法律上的认可和保障，关于农村合作性金融机构的职能和性质也一直未能明确，不仅影响农村合作性金融的支农效果，也造成其发展困境。

3.3.5.2 背离了合作性的原则

农村合作性金融机构是农户自发成立的。理论上来说除了金融机构的成员，在不违背法律法规的情况下，农村合作性金融机构不应当受到其他个体或者组织机构的干预。但事实上，中国农村合作性金融机构自成立起就受到政府的干预，组织的成立也不是农户自愿形成的，而是在政府的有意引导下出现的，如此一来农村合作性金融机构就成了国有化组织，农村合作性金融机构出现了产权模糊的问题。

3.3.5.3 较高的准入门槛

为了弥补农村地区金融供给不足的问题，国家印发了《农村资金互助社管理暂行规定》。其中规定：在乡（镇）设立农村资金互助社的，注册资本不得低于 30 万人民币，而且要有符合任职资格的理事、经理和具备从业条件的工作人员。较高的设立门槛和严格的审批手续，使得农村资金互助社的发展受到影响。

3.3.6 农村非正规金融机构发展存在的问题

农村非正规金融机构和民间借贷活动是金融制度的信贷供给不能满足农村经济发展的需求而不断衍生出来的。农村正规金融机构的发展缓慢，给了农村非正规金融机构生存的空间。例如，农村信用合作社的垄断经营使得农村资金供求矛盾突出，于是农民只能更多地依赖农村非正规金融机构筹集资金。不可否认，农村非正规金融机构在扩大农村生产资金、活跃农村金融市场、提高农村金融效率、促进农村个体私营经济发展等方面的确是起到了积极的作用。但是由于农村非正规金融机构缺乏必要的管理和相应的规范，发展过快，出现了一些问题，扰乱了金融秩序，危及了金融稳定。

首先，民间借贷大多是建立在个人信用基础之上的，但由于农民收入增长缓慢，农村民间借贷市场风险加大，违约率较高，民间信用状况恶化。许多民间借贷关系特别是用于个人生活的消费性借贷，碍于情面而没有履行必要的法律手续。例如，有的借贷根本就没有签订书面的借款合同，只是以口头上的合同形式实现借贷关系，借贷关系尚未法律化。有的民间借贷即使是签订了书面合同，但合同要素不全，或违反国家有关政策法规，例如利率过高、借款用途不当，致使合同部分无效或全部无效，使借贷关系得不到法律有效保护。有的民间借贷双方虽然签订了合约，但债务人没有可靠的资金作保证，遇到天灾人祸，受损失的往往是债权人，易形成纠纷，造成治安秩序混乱，引发社会矛盾，从而在一定程度上扰乱了社会正常秩序，破坏了社会的稳定。

其次，民间借贷严重扰乱了社会资金的合理配置和使用，影响了国民经济的正常发展。民间借贷一般都伴有高利润诱惑，存贷利率普遍较高，往往是正规金融组织的数倍。这一现象一方面导致借款单位的生产经营成本上升，竞争力下降，影响了农村经济主体的发展后劲；另一方面导致资金分配畸形，干扰了国家正常的金融秩序。同时，民间借贷中的一些非法借贷行为，以高息、罚息等手段截走正常经济部门的资金，使这些经济部门的生产和经营受到干扰和阻碍，造成国家财政收入和地方经济部门收入严重流失、税收短缺、财政收入减少。民间借贷资金投向由于不受任何部门的控制，在信用社体系外循环，使得金融宏观调控力量削弱，影响了国家制定正确的宏观金融政策，加大了国家宏观调控的难度。

最后，民间借贷还存在较大的金融风险。农村非正规金融机构往往在半公开状态下活动，良莠不齐，有些具有良好的信誉，但也有些因种种原因信誉急剧下降，还有些则从一开始就属于非法集资，经营者携款潜逃的现象时有发生。后者虽为少数，但却严重扰乱了金融秩序，影响了金融稳定，给农民带来了财产损失。

3.3.7 外部环境影响了农村金融的发展及对农村经济的支持力度

第一，涉农法律的制定落后于农村经济发展，限制了农业投融资，相关农业贷款方面的法律尚未健全。第二，缺乏抵押物，银行不愿接受农村客户提供的抵押品，且双方在估价上存在很大差距，即使银行接受了这些抵押品，也很难找到一个合适的拍卖市场去处理。第三，缺乏比较完善的风险管理控制体系。农业投入高、产出低的特征决定了其具有高风险性。追求利润最大化的商业性金融部门一般不愿意投入过多，而带有一定政策性色彩的金融支农贷款，也缺少相应的风险补偿机制，产生的风险几乎由金融机构自身来承担。第四，在金融领域，信用可以说是全部金融行为发生的前提，而我国由于长期受计划经济的影响，对信用观念的宣传力度不够，农民的信用意识普遍不强，逃废债现象严重，使得农村金融市场的信用缺失严重。此外，农村信贷市场的比较效益长期低于城市信贷市场，且农村信贷市场的信息不对称现象相对于城市信贷市场而言更为严重，易产生“挤出效应”。在利益驱动下，促使银行“贷农不如贷工，贷小不如贷大”，并促使机构网点向效益高的地区转移，这也是近年来银行机构纷纷从农村撤离的原因所在。

总的来说，由于受城乡二元经济结构的长期制约影响，我国农村经济发展水平严重滞后，城乡金融资源配置不平衡，农村金融体系不完善，体制机制不健全，机构功能不完备，基础设施不配套，扶持政策不到位，农村金融市场风险比较高，农户融资难现象十分突出。虽然近年来我国农村金融改革步伐加快，农村金融服务正在发生积极的变化，但由于多种原因，相对于城市金融改革而言，农村金融改革启动迟、进展慢，仍然存在农村金融服务还不适应新农村建设和构建和谐社会的需要。农村地区银行业金融机构网点覆盖率低、金融供给不足和竞争不充分等问题，已经制约了农村经济的发展。农村金融成为整个金融体系的瓶颈和短板，难以满足农村金融需求的多样化需要，难以满足农村经济多层次的发展需要，难以满足社会主义新农村建设的需要。

Chapter 4
第 4 章

云南省曲靖市金融支持乡村振兴实证研究

构建云南省曲靖市乡村振兴综合评价指标体系，利用熵权法确定各级指标的权重，得出在乡村振兴系统中，治理有效的综合指数对金融支持系统的平均影响较为明显；在金融支持系统中，农村金融政策强度与乡村振兴系统的关联度最为显著这一结论。

我国是世界上最大的发展中国家，也是世界农业大国。农业农村农民问题是关系国计民生的根本问题。2020 年，习近平总书记在中央农村工作会议上指出，脱贫攻坚取得胜利后，要全面推进乡村振兴，这是“三农”工作重心的历史性转移。这为解决好“三农”问题提供了根本遵循。改革开放 40 多年以来，我国农业与农村的发展虽然有所成就，但其基础差、底子薄、发展滞后的状况未得到根本改变。应该看到，我国经济社会发展中最明显的短板仍然在“三农”，现代化建设中的薄弱环节仍然是农业和农村。这主要表现在：农产品阶段性供需矛盾突出，农村一二三产业融合发展深度不够，农民适应生产力的发展和市场竞争能力不足，农村人才匮乏，农村基础设施建设依然滞后，农村环境和生态问题比较突出，乡村发展整体水平亟待提高，农村民生领域欠账较多，城乡基本公共服务和收入水平差距依然较大，脱贫攻坚任务依然艰巨，国家支农体系相对薄弱，城乡之间要素合理流动机制亟待健全，农村基层基础工作存在薄弱环节，乡村治理体系和治理能力亟待强化。党的十九大报告提出了实施乡村振兴战略的总要求：产业兴旺、生态宜居、乡风文明、治理有效、生活富裕。

金融是支持乡村振兴的重要力量。金融服务在支持脱贫攻坚和乡村振兴方面既有一定的延续性，又有相应的重点调整。农村金融作为乡村振兴战略的动力引擎，在优化资源配置、提升农业效率、发展农村经济、提高农民收入等方面发挥了举足轻重的作用。因此，需要进一步巩固脱贫攻坚的成果，更好地满足乡村振兴多样化的金融需求。

就国外形势而言，无论是经济发展较快的美国、德国、英国等，还是经济发展较慢的孟加拉国、印度等，其在自身的实践发展过程中，都非常注意农村经济的发展，并从本国的实际情况出发，走出了一条适宜本国发展、可持续的农村金融发展道路。

就国内形势而言，目前我国经济正由高速增长阶段转向高质量发展阶段，乡村发展处于大变革、大转型的关键时期。我国城镇化进入快速发展与质量提升的新阶段，城市带动农村的能力进一步增强，但大量农民仍然生活在农村的情况不会改变，迫切需要改善城乡关系。改革开放以来，我国金融支农主要通过农村金融体制改革和不断放活农村金融的途径实现。一方面，我国农村金融体制改革遵循着构建政策性金融、商业性金融和农村中小金融机构分工协作的农村金融服务体系的路径；另一方面，在推进农村金融体制改革时,政府始终以支持农业、农村的发展为目标,不断满足"三农"领域的资金需求。通过多年改革实践,特别是党的十八大以来,我国金融支农事业取得了明显进步,但"三农"领域对金融资源的需求得不到充分满足的总体情况并未改变,我国金融支农政策尚存在较大的改革与调整空间。

本书以云南省曲靖市为例,将推动金融政策支持与乡村振兴的融合作为实践样本展开分析,搭建乡村振兴综合评价指标体系,测度云南省曲靖市金融政策支持乡村振兴的成效,并就现存问题进行探讨,提出金融政策支持与脱贫攻坚、乡村振兴相互支撑、相互配合、有机衔接的政策路径。

4.1 云南省曲靖市乡村振兴综合指数计算

对照乡村振兴战略所提出的"产业兴旺、生态宜居、乡风文明、治理有效、生活富裕"的总要求,本部分内容对云南省曲靖市的金融政策与乡村振兴战略的相互作用机理做了进一步的阐述。

就曲靖市而言,政府保证各级财政对"三农"工作的投入只增不减,认真落实中央各项惠农金融政策,积极争取中央、省的项目支持,探索城市支援农村、工业反哺农业的有效途径,千方百计筹措资金,切实解决农村以"水、电、路"为主的基础设施建设问题,逐步改善农村的生产生活条件。此外,政府加大脱贫攻坚力度,增强贫困地区发展后劲,通过制定优惠金融政策,妥善利用各种金融工具,放活微观农村金融市场主体,控制金融风险,为农业农村农民利用资金创造了宽松环境。这说明曲靖市是把政策性金融与金融工具结合起来,以此振兴乡村发展的。

《曲靖市 2021 年国民经济和社会发展统计公报》显示,截至 2021 年年末,曲靖市实现地区生产总值 3 393.91 亿元,其中,第一产业实现增加值 532.52 亿元,增长 9.0%,对经济增长的贡献率为 14.1%,拉动地区生产总值增长 1.7 个百分点;第二产业实现增加值 1 381.50 亿元,增长 12.5%,对经济增长贡献率为 39.5%,拉动地区生产总值增长 4.7 个百分点;第三产业实现增加值 1 479.89 亿元,增长 12.7%,对经济增长的贡献率为 46.4%,拉动地区生产总值增长 5.6 个百分点。三大产业结构为 15.7∶40.7∶43.6。从上述数据可以看出曲靖市三大产业之间的结构还不够完善,第一产业农业仍有很大的调整空间。长久以来,“三农”发展直接影响着曲靖市的经济发展,而服务、支持“三农”发展也成为曲靖市金融发展的重要内容。对照乡村振兴战略提出“产业兴旺、生态宜居、乡风文明、治理有效、生活富裕”的总要求,本章就云南省曲靖市乡村振兴与金融政策之间的相互作用机理进行具体的阐述。

一是,产业兴旺。云南省曲靖市银行业金融机构主要通过不断扩大支农再贷款规模、增加涉农贷款投放等政策,持续加大对农村企业和农村新型经营主体的支持,重点从解决融资难、融资贵等方面助推农村产业发展壮大。曲靖市重点打好“绿色能源”“绿色食品”“健康生活目的地”三张牌,发展了高原特色农业和生物资源加工、有色金属深加工和液态金属、军民融合现代装备制造、精细化工、现代商贸物流、文化旅游和高原体育等六大产业,现已形成以优势特色农业、能源、烟草、化工、冶金、装备制造、轻工建材、生物资源为支柱,门类齐全、基础扎实的产业板块。保险业金融机构主要通过增加农业保险险种、扩大农业保险规模,分散农牧业遭受自然灾害的风险,保障农牧业稳定发展。

二是,生态宜居。云南省曲靖市通过绿色贷款支持,鼓励绿色农林项目开发、自然保护、生态修复、灾害防治、农村可再生能源及清洁能源利用、畜禽养殖废弃物污染治理,提高农村生态质量。《曲靖市 2021 年国民经济和社会发展统计公报》显示,2021 年曲靖市万元地区生产总值能耗比上年(2020 年)下降 7.0%,森林覆盖率 50.5%,主城区空气质量优良率达 97.26%。各污染物年平均浓度中,二氧化硫 8 微克/立方米,比上年下降 27.3%;二氧化氮 17 微克/立方米,比上年上升 6.3%;可吸入颗粒物 37 微克/立方米,比上年上升 5.7%,细颗粒物 23 微克/立方米,比上年上升 15.0%。

三是,乡风文明。云南省曲靖市通过助学贷款支持,帮助家庭困难的适龄农村学生接受义务教育和高等教育,提高乡村人口文化水平。《曲靖市 2021 年国民经济和社会发展统计公报》显示,2021 年年末曲靖市共有普通高等学校4 所,在校生 4.0 万人;中等专业学校 33 所(中等职业技术学校 12 所,中等师范学校 2 所,成人中等专业学校 9 所,职业高中学校 10 所),在校生 9.09 万人;普通中学 266 所,在校生 43.98 万人;小学 1 641 所,在校生 51.48 万人;特殊教育学校 10 所,在校生 1 458 人;幼儿园 1 893 所,在园幼儿 23.62 万人;学龄儿童净入学率 99.99%,初中阶段毛入学率 104.98%。

四是,治理有效。云南省曲靖市金融机构通过开展“银校结对”诚信文化进校园活动,打造“诚信文化教育基地”品牌,努力培育和弘扬社会主义核心价值观,为乡村治理夯实思想基础。以“信用户”“信用村”“信用乡(镇)”“信用县”及“信用农村新型经营主体”创评为主要方式,深入推进农村信用体系建设工作,不断改善农村信用环境。创评成果广泛应用于平安乡村、美丽乡村建设,提升了乡村治理水平。

五是,生活富裕。云南省曲靖市通过涉农贷款、“两权”抵押贷款、金融精准扶贫贷款等项目,大力支持农牧户开展生产经营,不断提高收入水平,提升生活质量。《曲靖市 2021 年国民经济和社会发展统计公报》显示,2021 年曲靖市实现农林牧渔业总产值 876.63 亿元,比上年增长 11.3%。其中,农业产值 362.65 亿元,增长 7.3%;林业产值 30.98 亿元,增长 4.6%;牧业产值 442.16 亿元,增长 14.7%;渔业产值 13.46 亿元,下降 4.1%;农林牧渔业及辅助性活动产值 27.38 亿元,增长 9.1%。全市实现农林牧渔业增加值 539.81 亿元,按可比价计算比上年增长 9.0%。2021 年新增农村劳动力转移输出就业 5.6 万人,新增城镇就业人数 4.39 万人,城镇登记失业率 4.04%。

4.1.1 乡村振兴综合评价指标体系构建

以乡村振兴战略的“五个总要求”为依据,结合数据的可得性,选取二级指标,建立乡村振兴综合评价指标体系;采用熵权法和灰色关联度相结合的方法,确定各项指标在指标体系中的权重,再按照各项指标权重计算云南省曲靖市的乡村振兴指数。

本书选取了 10 个二级指标构建云南省曲靖市乡村振兴综合评价体系(见表 4-1)。其中,产业兴旺选取农业发展水平、乡村人员水平两项指标反映;生态宜居选取农村自来水受益率、森林覆盖率两项指标反映;乡风文明选取农村文化娱乐消费支出比重、电视人口覆盖率两项指标反映;治理有效选取最低生活保障、每千人村卫生室人员数两项指标反映;生活富裕选取农村居民可支配收入、城乡居民收入差距两项指标反映。

表 4-1　云南省曲靖市乡村振兴综合评价体系

一级指标	二级指标	指标说明	属性
产业兴旺	农业发展水平	农林牧渔业增加值/农村常住人口	正向
	乡村人员水平	第一产业就业人员/农村常住人口	正向
生态宜居	农村自来水受益率	农村使用自来水人口/农村常住人口	正向
	森林覆盖率	农村森林面积/农村土地总面积	正向
乡风文明	农村文化娱乐消费支出比重	农村文化娱乐消费支出/农村居民消费支出	正向
	电视人口覆盖率	农村电视覆盖人口/农村常住人口	正向
治理有效	最低生活保障	最低生活保障标准/农村居民可支配收入	正向
	每千人村卫生室人员数	1 000 * 卫生室人员数/农村常住人口	正向
生活富裕	农村居民可支配收入	农村居民可用最终消费支出和储蓄的总和	正向
	城乡居民收入差距	城镇居民可支配收入/农村居民可支配收入	逆向

4.1.2　乡村振兴综合评价研究方法

利用熵权法确定各级指标的权重，计算出乡村振兴一级指标和乡村振兴指数的测度。

4.1.2.1　数据标准化

对于正向指标，标准化公式：

$$\widetilde{X}_{ij}=\frac{X_{ij}-\min\limits_{i} X_{ij}}{\max\limits_{i} X_{ij}-\min\limits_{i} X_{ij}} \tag{4-1}$$

对于负向指标，标准化公式：

$$\widetilde{X}_{ij}=\frac{\max\limits_{i} X_{ij}-X_{ij}}{\max\limits_{i} X_{ij}-\min\limits_{i} X_{ij}} \tag{4-2}$$

其中，X_{ij} 表示初始数据矩阵，代表第 i（$i=1,2,\cdots,N$）期第 j（$j=1,2,\cdots,k$）

个指标的值；$\min\limits_{i} X_{ij}$ 表示初始数据矩阵的第 j 个指标的最小值；$\max\limits_{i} X_{ij}$ 表示初始数据矩阵的第 j 个指标的最大值；$\widetilde{X}_{ij}$ 为标准化后的值。

4.1.2.2 指标信息熵求解

各指标的信息熵计算公式：

$$Entropy_j = -\frac{1}{\ln N}\sum_{i=1}^{N} P_{ij}\ln(P_{ij})$$

$$P_{ij} = \frac{\widetilde{X}_{ij}}{\sum\limits_{i=1}^{N}\widetilde{X}_{ij}} \tag{4-3}$$

其中，P_{ij} 为指标 $\widetilde{X}_{ij}$ 对应的概率。

对于 $P_{ij}=0$，利用公式进行计算：

$$\lim_{P_{ij}\to 0} P_{ij}\ln(P_{ij}) = 0 \tag{4-4}$$

4.1.2.3 权重计算

根据信息熵计算各个指标的权重：

$$W_j = \frac{1 - Entropy_j}{k - \sum\limits_{i=1}^{k} Entropy_j} \tag{4-5}$$

利用上述方法对一级指标进行测度，紧接着运用相同的方法进一步确定一级指标的权重。

4.1.3 乡村振兴综合评价实证分析

利用熵权法依次得到一级指标的权重和二级指标的组内权重，两者相乘得到最终权重。乡村振兴综合评价权重见表 4-2。通过比较可知，治理有效和生活富裕的重要程度较高，产业兴旺和生态宜居的重要性一般，乡风文明的重要性较低。

表 4-2 乡村振兴综合评价权重

一级指标	权重	二级指标	组内权重	最终权重
产业兴旺	0.191 0	农业发展水平	0.702 4	0.134 2
		乡村人员水平	0.297 6	0.056 8

表 4-2(续)

一级指标	权重	二级指标	组内权重	最终权重
生态宜居	0.204 2	农村自来水受益率	0.510 9	0.104 3
		森林覆盖率	0.489 1	0.099 9
乡风文明	0.118 8	农村文化娱乐消费支出比重	0.501 7	0.059 6
		电视人口覆盖率	0.498 2	0.059 2
治理有效	0.252 0	最低生活保障	0.379 6	0.095 7
		每千人村卫生室人员数	0.620 3	0.156 3
生活富裕	0.233 9	农村居民可支配收入	0.426 2	0.099 7
		城乡居民收入差距	0.573 8	0.134 2

利用表 4-2 中的乡村振兴各级指标的评价权重，计算得出乡村振兴一级指标和总指标得分结果见表 4-3。通过分析可知，在 2015—2020 年，乡村振兴得分持续上升。从一级指标来看，产业兴旺、生活富裕得分持续上升，其他指标表现出上升趋势，尽管期间出现短暂下降；总指标“乡村振兴”持续上升。由此可见，2015—2020 年，乡村振兴工作富有成效。

表 4-3　乡村振兴一级指标和总指标得分结果

年份		2015	2016	2017	2018	2019	2020
一级指标	产业兴旺	25.81	37.73	41.59	46.30	67.41	70.02
	生态宜居	16.97	33.91	46.86	73.64	34.45	82.91
	乡风文明	0.00	51.37	78.32	73.71	67.38	66.08
	治理有效	3.45	7.78	38.48	84.04	99.60	89.30
	生活富裕	0.00	13.03	26.72	41.78	65.56	99.60
总指标 乡村振兴		9.34	25.24	42.77	63.60	68.36	83.96

4.2　农村金融政策强度评估

为了测度 2015—2020 年农村金融政策强度，本书从省市两级政府官网获取了 2015—2020 年颁布的农村金融政策文本。根据政策颁布主体确定政策力度得分;根据政策描述的语气与详略程度确定政策目标得分;根据每项政策所属的类型确定政策措施得分;三个维度的得分相加得到总得分。农村金融政策评估标准,见表 4-4。考虑到政策产生的影响会延续若干年,本书将当年及当年前 4 年,共 5 年的政策得分相加作为当年有效的政策得分。例如,2020 年有效的政策得分为 2016—2020 年的政策得分的总和。

表 4-4　农村金融政策评估标准

维度	评判标准	得分
政策力度	省级人民政府颁布	4
	市级人民政府颁布	3
	市级各部门颁布	2
政策目标	政策描述的语气较重且目标被详述	3
	政策描述的语气较轻且目标未被详述	1
政策措施	环境型政策(信用体系、宣传培训、监管法制、组织领导等政策工具)	0.5
	需求型政策(农业融资、农村保险、抵押担保、农村信贷等政策工具)	1
	供给型政策(公共服务、金融机构、基础设施、财政支出等政策工具)	1

农村金融政策强度由上文中的方法计算得到,结果见表 4-5。从表 4-5 可知,2015—2020 年农村金融政策强度不断上升,表明各级政府从金融政策上持续加强对乡村振兴的支持。

表 4-5　农村金融政策强度

年份	2015	2016	2017	2018	2019	2020
总分	8.4	28.7	53	70.1	85.3	102.5

4.3　基于灰色关联度的金融支持乡村振兴分析

建立灰色关联度分析和“三农”有关的金融支持与乡村振兴的相互作用程度,灰色关联度越大则相互作用的程度越大。

4.3.1　金融支持乡村振兴指标体系构建

本书选取农村金融政策强度、涉农贷款规模、农村金融机构规模、农业保险支持力度和农业金融开放程度为金融支持指标。金融支持指标的具体情况见表 4-6。

表 4-6　金融支持指标的具体情况

指标	指标说明	属性
农村金融政策强度	由政策力度、政策目标和政策措施构成	正向
涉农贷款规模	涉农贷款/农村常住人口	正向
农村金融机构规模	(农村新型金融机构从业人数＋农村小型金融机构从业人数)/农村常住人口	正向
农业保险支持力度	农业保险赔付支出/保险赔付支出	正向
农业金融开放程度	农林牧渔业外商直接投资/外商直接投资	正向

由表 4-6 可知，金融支持所选取的指标，例如农村金融政策强度、涉农贷款规模、农村金融机构规模、农业保险支持力度、农业金融开放程度均和乡村振兴呈正相关。

4.3.2　金融支持乡村振兴研究方法

4.3.2.1　数据标准化

对于正向金融支持指标，标准化公式：

$$\widetilde{X}_{ij}=\frac{X_{ij}-\min\limits_{i} X_{ij}}{\max\limits_{i} X_{ij}-\min\limits_{i} X_{ij}} \tag{4-6}$$

对于负向金融支持指标，标准化公式：

$$\widetilde{X}_{ij}=\frac{\max\limits_{i} X_{ij}-X_{ij}}{\max\limits_{i} X_{ij}-\min\limits_{i} X_{ij}} \tag{4-7}$$

其中，X_{ij} 表示初始数据矩阵，代表第 $i(i=1,2,\cdots,N)$ 期第 $j(j=1,2,\cdots,k)$ 个金融支持指标的值；$\min\limits_{i} X_{ij}$ 表示初始数据矩阵的第 j 个金融支持指标的最小值；$\max\limits_{i} X_{ij}$ 表示初始数据矩阵的第 j 个金融支持指标的最大值；$\widetilde{X}_{ij}$ 为标准化后的值。乡村振兴指数Y_i采用同样的方式进行标准化，得到$\widetilde{Y}_i$。

4.3.2.2 灰色关联系数计算

$$\zeta_{ij}=\frac{\min_i\min_j|\widetilde{Y}_i-\widetilde{X}_{ij}|+\rho\max_i\max_j|\widetilde{Y}_i-\widetilde{X}_{ij}|}{|\widetilde{Y}_i-\widetilde{X}_{ij}|+\rho\max_i\max_j|\widetilde{Y}_i-\widetilde{X}_{ij}|} \tag{4-8}$$

其中，ρ 为分辨系数，一般取值 0.5。

4.3.2.3 灰色关联度计算

计算灰色关联系数的算术平均值，得到灰色关联度：

$$r_j=\frac{1}{N}\sum_{i=1}^{N}\zeta_{ij} \tag{4-9}$$

其中，r_j 代表第 j 个指标的灰色关联度。

4.3.3 金融支持乡村振兴实证分析

乡村振兴指数与金融支持指标的灰色关联系数和乡村振兴指数与金融支持指标的灰色关联度见表 4-7 和表 4-8。由表 4-7 和表 4-8 可知，与乡村振兴指数关联度最大的是农村金融政策强度，其次是涉农贷款规模和农村金融机构规模。农村保险支持力度和农业金融开放程度与乡村振兴指数的关联度最小。

表 4-7 乡村振兴指数与金融支持指标的灰色关联系数

年份		2015	2016	2017	2018	2019	2020
灰色关联系数	农村金融政策强度	1.000 0	0.993 3	0.936 6	0.843 0	0.935 6	1.000 0
	涉农贷款规模	1.000 0	0.954 2	0.933 9	0.690 3	0.896 5	1.000 0
	农村金融机构规模	1.000 0	0.981 8	0.798 6	0.734 7	0.882 8	1.000 0
	农业保险支持力度	0.841 6	0.811 9	0.461 0	0.677 7	0.442 0	1.000 0
	农业金融开放程度	1.000 0	0.333 3	0.613 2	0.584 1	0.548 3	0.336 3

表 4-8 乡村振兴指数与金融支持指标的灰色关联度

金融支持指标	农村金融政策强度	涉农贷款规模	农村金融机构规模	农业保险支持力度	农业金融开放程度
灰色关联度	0.951 4	0.912 5	0.899 6	0.705 7	0.569 2

由表 4-7 和表 4-8 可知，在乡村振兴推进过程中，政策性金融支持（农村金融政策强度）的作用最大；涉农贷款规模和农村金融机构规模也发挥了一定的作用，但作用强度不及农村金融政策强度；以保险业金融机构中的农业保险和农林牧渔产业外商直接投资为代表的非政策性金融（农业保险支持力度、农业金融开放程度）对乡村振兴的支持作用不明显。

4.4 相关建议

实证研究结果表明：从构建的乡村振兴指数看，2015—2020 年，云南省曲靖市乡村振兴发展水平逐年提高，说明多年来各方支持农业农村农民发展取得了较好成效。金融的政策性支持，尤其是银行业金融机构的信贷政策支持显著地促进了云南省曲靖市的乡村振兴发展，而以保险业、互联网金融为代表的非政策性金融对支持乡村振兴的作用并不显著。基于此，提出以下几点建议。

(1) 加强金融制度供给。金融支持乡村振兴应该加快完善金融资源向农村的回流机制。首先，增加金融支农制度的有效供给是我国实施金融支持乡村振兴的本质要求，要建立金融服务“三农”的长效机制。各涉农金融机构应该遵从这项要求，否则金融支持乡村振兴难出实效。其次，要引导金融机构支农惠农，进一步回归服务“三农”的本源，并且优化金融机构设置，创新金融产品和金融服务项目。最后，要使我国金融支持乡村振兴出实效，就必须建立起正规信贷支持乡村振兴的服务体系。我国政府在已出台的相关政策文件中多次提及涉农商业银行“三农”金融事业部运营体系、县域金融机构涉农贷款增量奖励政策、涉农贴息贷款政策及“金融支农创新十大模式”等措施，这些举措还需要进一步落到实处。

(2) 加强普惠金融创新与风险管理。在加强政策性金融的同时，还应该看到普惠金融在乡村振兴领域有很大的发展空间。一方面普惠金融可以通过个体行为、产业带动、环境改善、社会规范等效应为乡村振兴发展提供支撑，乡村振兴须构建多元化的金融体系以及金融制度保障；另一方面可以通过加强金融科技应用、优化信贷支农设计、提升金融服务水平等方式进一步降低“三农”融资成本，提高金融覆盖面、可得性和满意度。此外，扩大农业保险规模，可以有效提升乡村振兴发展中“三农”防范化解重大风险的能力。

曲靖市的农业保险规模虽然较前几年有较大增长，但增长的规模远远不够，与乡村振兴发展中的保险需求相比还有一定距离，这也从侧面反映了实证研究中农业保险的作用不显著。因此，需要继续加大政策性金融供给的同时做好普惠金融的应用，为乡村振兴的发展规避风险，保驾护航。

(3) 加强涉农企业在资本市场的融资能力。涉农企业，通常是指从事农产品和农业生产资料的生产、加工、销售、服务、研发等活动的企业，主要包括种植养殖企业、农产品加工企业、农业机械制造企业以及为农业提供综合服务的企业等。对于云南省曲靖市而言，这类涉农大型企业较少。因此，云南省曲靖市应更加注重培育优质农业产业化龙头企业，有效利用资本市场发展壮大。

(4) 其他相关建议。除了以上建议外，政府还可以采取以下措施强化金融支持乡村振兴的作用。首先，政府要合理规划资金投入方式与力度，提高资金使用效率，监管资金使用情况，防止资金使用中出现“大水漫灌”现象。可通过财政补贴、财政贴息、税收优惠等财政支持方式，降低涉农企业发展负担，改善涉农企业经营环境，发挥资金的导向性作用；可引导民间资本、金融机构、社会资本等积极参与涉农企业的融资过程，为涉农企业的生产发展注入源源不断的资金。其次，政府要加快推进保险市场建设，健全农业保险体系，结合云南省曲靖市涉农企业的发展状况不断丰富和完善农业保险品种，以便减少因自然灾害和市场价格波动等因素对涉农企业造成的经济损失。再次，政府要完善与涉农企业有关的法律法规，约束企业经营行为，促进企业规范化发展。最后，政府要构建起良好的社会征信体系，把涉农企业合理纳入这一体系中，提高涉农企业在经营过程中的信用意识，促进云南省曲靖市形成良好的信用环境，进一步改善涉农企业的融资环境。

Chapter 5

第 5 章

国外金融支持乡村振兴的经验借鉴

介绍日本与德国乡村发展与金融支持的概况,分析日本与德国乡村发展的过程及金融支持乡村发展的运作机制,得出日本与德国金融支持乡村振兴的经验启示。

党的十九大报告提出实施乡村振兴战略。乡村振兴战略已成为指导我国农业农村发展的长期战略。乡村振兴战略的实施必须要解决"人""地""钱"三个方面问题,其中,解决"钱"的问题目前尤为紧迫。当前,我国乡村振兴面临着国家支农体系相对薄弱、农村金融改革任务繁重的现实问题,金融支农成为乡村振兴的着力点。金融支农是指金融机构通过创新产品和服务来全面支持农业农村发展的一项综合性事业,是一种支持农业农村发展的重要方式。我国金融支农在当前及今后一个时期要服务于乡村振兴战略的实施。对标党的十九大报告提出的实施乡村振兴战略的目标任务,无论对于短期内打赢脱贫攻坚战还是长期实现乡村全面振兴,我国金融支农政策的进一步完善都具有重要意义。改革开放以来,我国金融支农主要通过改革农村金融体制和不断放活农村金融的途径来实现。一方面,我国农村金融体制改革遵循着构建政策性金融、商业性金融和农村中小金融机构分工协作的农村金融服务体系的路径;另一方面,在推进农村金融体制改革时,我国始终以支持农业农村发展为目标,不断满足"三农"领域资金需求。

通过多年改革实践,特别是党的十八大以来,我国金融支农事业取得了明显进步,但"三农"领域对金融资源的需求得不到充分满足的总体情况并未改变,我国金融支农政策尚存在较大的改革与调整空间。针对以往存在的问题,《乡村振兴战略规划(2018—2022 年)》明确提出,要健全适合农业农村特点的农村金融体系,把更多金融资源配置到农村经济社会发展的重点领域和薄弱环节,更好地满足乡村振兴多样化的金融需求。2019 年,《中国人民银行 银保监会 证监会 财政部 农业农村部关于金融服务乡村振兴的指导意见》进一步明确了农村金融改革发展的正确方向和金融重点支持农业的领域,强调要建立完善金融服务乡村振兴的市场体系、组织体系、产品体系,并设定了到 2020 年、2035 年和 2050 年三个时间节点金融服务乡村振兴的目标任务。

乡村振兴是一项系统工程,涉及社会发展的各个领域,但无论是文化兴村、产业兴村、人才兴村,还是精准脱贫、机制创新、美丽乡村建设等一系列政策的实施,都必须要解决钱从哪里来的问题,即需要回答金融部门如何发挥支持乡村振兴战略作用的问题。作为乡村振兴战略的重要保障,金融体系在这一过程中扮演着举足轻重的角色。以日本和德国为代表的发达经济体,在金融支持"三农"发展方面的有益做法值得分析,一定程度上能为我国金融支持乡村振兴战略提供经验借鉴。

5.1 日本乡村发展与金融支持概况

5.1.1 日本乡村发展的过程

日本虽是一个人多地少、资源贫乏的岛国,但却拥有与欧美国家相当的城市化水平,具有丰富的城乡发展经验。追溯日本的发展历史,自1868年明治维新后,日本确立了资本主义制度,走上了工业化道路。在一个多世纪的时间里,随着日本工业化、城市化的不断推进,日本乡村围绕农地制度、农业政策以及农村管理体系等方面不断改革,最终实现了城乡一体化发展。日本的乡村发展历程与工业化、城市化发展密切相关:① 第一阶段为工业化、城市化起步阶段,改革旧的领主土地所有制和农村的管理体制,实行“町村合并”,同时改良传统的农业技术;② 第二阶段为工业化、城市化初始阶段,废除封建农地制度,建立自耕农制度,改善租佃关系,建立资本主义农地制度,促进了农业生产;③ 第三阶段为工业化基本完成、城市化加速阶段,进行持续的技术改良和创新,逐步形成了日本农业生产所需要的农业技术,农业生产效率大幅提高,加速了农民的离农化和兼业化;④ 第四阶段为后工业化时代、城市化成熟阶段,乡村发展追求乡村生活魅力、谋求可持续发展。本部分内容从城乡关系的视角出发,基于日本各阶段不同的城乡发展环境,总结乡村发展的实践经验,以期为我国当前的乡村振兴提供借鉴和参考。

5.1.1.1 工业化、城市化起步阶段(1868—1919年)

1. 城乡发展背景

江户时代后期,建立在小农经济基础上的幕藩体制开始分崩离析,经济发展萧条。同时,封建城市正在转型,以武士消费为中心的城下町逐渐瓦解,而一些适应新形势、积极发展地方产业的城市,尤其是港口城市,得以迅速发展,近代城市雏形初步形成。为改变国内积贫积弱的局面,明治维新时期,日本开始实行“殖产兴业”的政策,日本迈入工业化的第一阶段。这一阶段日本实行“农业支持工业”的方针,表现为征收高额农业税,扶持工业发展,同时引进当时国外先进的设备与技术,建立了一批示范工厂。1871年,日本推行“废藩置县”。1888年,日本确立了市町村制度,奠定了近代日本行政区划的基础。

2. 乡村推行的政策制度

明治维新推动了地方制度的变革，1878年日本制定《郡区町村编制法》，町村正式被明确为行政区划的基本单位。而后为了提高行政管理的规模效应，扩大公共设施的覆盖面和使用效益，1886年日本首次提出要在全国范围内普及小学4年义务教育，但由于部分町村人口过少，无法满足建立1所小学的最低人口需求。因此，政府以满足设立小学所需的300～500户的人口规模为町村的人口规模标准，在全国范围内实施町村合并。

为支持工业化的快速发展，日本政府制定多项政策措施促进农业变革。第一，废除德川幕府时期所颁布的一系列禁令，改革旧的领主土地所有制关系，为农业发展创造良好的环境；第二，制定和大力推广"劝农政策"，推进农业技术改良，兴修农田水利，促进农业生产的发展；第三，重视农业经营，推广农业教育。这些政策措施实施对农地制度变革提出了要求，主要表现为耕地整顿。1899年，日本制定和颁布了《耕地整顿法》，对零散、不规则土地进行整理。1909—1915年，以《耕地整理和土地改良奖励规则》的颁布为契机，出现了耕地整顿的第一个高峰。

3. 乡村取得的成效

首先，这些政策措施的实施为工业化、城市化的发展带来了大量的剩余劳动力和剩余农产品，促进了工业化、城市化的发展，到1920年（日本步入工业化、城市化初始阶段的首年），日本工业产出首次超过农业产出，城市人口占总人口比重上升。其次，农村耕地开发、耕地整顿、町村合并扩大了耕地面积，也为工业化、城市化发展提供了大量的土地。最后，依托工业化发展带动下的品种改良技术的进步，日本实现了农业生产效率与农业总产值的提高。1890—1900年，农业生产效率的增长率从1.4%变为2%，在这一阶段，农业总产值增长率完全依赖于较高的生产效率增长率。[①]

5.1.1.2 工业化、城市化初始阶段（1920—1955年）

1. 城乡发展背景

第一阶段实行"农业支持工业"的方针，牺牲了农村本身的建设，农村发

① 张郁达.中国城镇化发展路径选择[M].北京：知识产权出版社，2016：68.

展几乎处于停滞的状态，城乡二元结构初显。但是，农地制度并未彻底变革，仍延续以地主土地所有制和土地租佃制为主的封建土地制度，影响了日本农业的发展，引起了社会的不稳定。随着日本的工业逐渐具备自我积累能力，日本开始从农业国向工业国转变。1920年，日本工业化进入了第二发展阶段，工业和农业平等发展，产业结构也发生了变化。1920—1955年，第二产业的产出占国内生产总值的比重上升，第一产业的产出占国内生产总值的比重有所下滑。这一阶段，日本进入城市化快速发展阶段。但受第二次世界大战影响，日本城市化率并未提高。第二次世界大战结束后，为了重振经济，日本政府将“经济高增长”视为唯一目标，大力推进生产力变革，并借助美军在朝鲜战场的军需增长，大力发展重工业，劳动力加速向重工业城市集中，形成了京滨、阪神、中京、北九州工业带。

2. 乡村推行的政策制度

为了促进农业的发展，调动农民的生产积极性，推行了一系列农业政策。第一，减轻农业税，为农业发展减轻负担。第二，提供农业信贷资金。第三，推行补助金政策，将推行农业政策所需的经费专门列入财政预算。第四，促进农业协同组合的发展，将农民组织起来，以“小规模所有、大规模经营”的方式促进农业效率提高，增加农业收入。这一阶段，工业化、城市化对农地制度的影响进一步扩大，传统的封建土地制度已经不能满足工业化、城市化的发展要求。因此，日本政府对农地制度进行了自上而下的改革。1946年公布的《自耕农创设特别法案》和《农地调整法修改法案》，废除封建的土地制度，创设自耕农，改善租佃关系，建立资本主义农地制度。第二次世界大战后，日本为了加快民主化进程，同时将有限的财政更多地用于重工业发展上，于1947年颁布实施了《地方自治法》，将许多行政事务转移至市町村承担，但由于市町村规模小、财政能力弱，无法有效完成行政事务。而后为了提升行政事务效率，1953年日本制定了《町村合并促进法》，以设立初级中学所需的人口规模作为町村的人口规模标准，进行第二次市町村合并，町村数量减少，城市人口快速增加。

3. 乡村取得的成效

上述政策推动着日本经济逐步发展，工业进步的同时，农业也得到了一定程度的发展。在乡村，政府部门工作人员的行政事务效率得到提升，农民生产积极性得到提高。

5.1.1.3　工业化基本完成、城市化加速阶段(1956—1976 年)

1. 城乡发展背景

长期以来日本城乡建设的重心放在了具有资源优势的城市上,忽视了资源贫瘠的农村地区。由于工业和农业生产方式以及产品需求方式的差异,导致日本农业劳动力的收入增长速度远低于工业部门,城乡差距不断扩大。日本农村青壮年大量外流,中老年人和妇女所占比例越来越大,农业生产力大幅下降。从 20 世纪 50 年代开始,日本进入了工业化发展的第三阶段,工业剩余资金开始向农业回流,实施“以工补农”。这一阶段,日本开始关注农村建设,调整城乡关系,探索城乡一体化发展。这一阶段是日本的快速城市化阶段,工业化的迅速发展推动农村人口向城市转移来满足就业需求。日本城市化率快速提高,形成了三大城市圈:东京、大阪和名古屋。

2. 乡村推行的政策制度

在这一阶段,工业开始反哺农业。为使农民共享工业化、城市化成果,日本调整农业政策,加大对农业和农村的政策支持力度。1961 年,日本颁布《农业基本法》,力图把农民生活标准提高到非农业工人水平,以此解决农业问题,同时开始实施农业保护措施,例如提供补贴、限制进口、调整农产品结构等。在实施农村工业化方面,1973 年日本制定的《农村地区工业引进促进法》,通过有计划地向农村地区引进工业、增加农业从业人员的就业机会、改善农业产业结构等,谋求农业与工业的平衡发展。

长期的工业化拉开了城乡发展差距,导致了城乡二元对立,乡村面临生活水平差、农村基础设施落后等诸多难题。日本政府为破解这些难题,调动广大农民的自主性和创造性,于 20 世纪 50 年代中期,提出“新农村建设构想”,开始第一次新农村建设,同时,在政府指定的区域成立农业振兴协会,制定振兴规划并付诸实施,加大对农村建设的财政补贴。每个实施新农村建设的市町村费用中都有来自中央政府的财政补贴。20 世纪 60 年代后期,为进一步缩小城乡差距,促进城乡均衡发展,日本开展第二次新农村建设,不再是简单的资金投入,而是开始注重农村造血功能培育与居住品质提升,提出把农村建成具有魅力的舒畅生活空间的目标。建设措施包括:提高农业现代化水平、改善基础设施和公共服务设施建设、实施改建和新建农民住宅等,并且大力发展重工业，鼓励城市工业向农村转移，为农民提供就业机会。

3. 乡村取得的成效

日本通过第二次新农村建设，提升了农业总产值和农民收入，抑制了大量农民流向城市。第一次新农村建设期间，农民的年纯收入得到了提高；第二次新农村建设期间，农业生产总值增幅明显，农村基本建设与环境得到改善，城乡差距缩小。

5.1.1.4 后工业化时代、城市化成熟阶段(1977 年至今)

1. 城乡发展背景

20 世纪 70 年代，日本经济增长速度放慢，进入后工业化时代，开始对其产业结构进行优化调整，即用消耗资源少、附加产值高的知识密集型产业取代大量消耗资源、消耗劳动和产生危害的重工业。日本第二产业的产值在国内生产总值中的比重逐年下降，第三产业逐渐成为国民经济的重要组成部分。

随着日本社会进入后工业化时代，政府开始注重城市问题(土地、交通、环境等方面问题)的综合治理，传统工业迁离大城市，搬至周边地区甚至海外，劳动力也随之向周边郊区、中小城市、农村分流。城市化进入分散型的城市阶段，主要表现为中小城镇的崛起和大城市向周边扩张的“逆城市化”，乡村发展得到进一步重视。

2. 乡村推行的政策制度

日本政府为了促进人口集聚，1999 年修改了《关于市、町、村合并特例的法律》以推进合并政策的实施。由此，市町村开始大规模合并，以更好地发挥地方政府在经济发展和经费支出方面的规模效应，避免各类公共服务设施的重复建设，有效配置资源。此外，交通工具的变化使生活圈扩大、跨行政范围的服务设施使用增多，都为合并的推进增加了动力。日本政府为了促进农村地区的规范化建设，减少城市规划区和农业振兴区边界重叠、土地混杂的情况，通过颁布一系列法律，建立了完善的土地利用规范框架。这一阶段，为解决农村“人口过疏”问题，把青年人牢牢吸引在本地区，日本开展了第三次新农村建设，即“造村运动”。此次建设重点推行经济、生态和文化等内容的乡村复兴运动，注重乡村特色和乡村空间打造，并开展了旨在充分挖掘村庄自身优势的“一村一品”运动。

3. 乡村取得的成效

物质层面上，促进了乡村产业振兴，生产、生活设施建设上消除了城乡差别，实现了城乡一体化，农民收入大幅提高，农民消费能力大幅提升，基本实现了城乡收入的均等化。非物质层面上，乡村特色和历史文化得到保护、传承和有效利用，新农村建设运动从“造村”扩展至“造人”，通过培训为农业发展和乡村管理培育大量高素质人才，为乡村的可持续发展提供了有效保障。

自2015年以来，日本政府加大对金融支农领域的改革力度，其中合作性金融支农领域的改革尤其引人注目。日本农业协同组织（简称农协）是日本合作性金融支农的重要载体，但日本农协却妨碍了政府对农业保护政策的改革，成为日本政府推行农业改革的阻力。加之农协自身存在的主业离农化、会员异质化等问题，日本政府于2015年颁布了新的《日本农业协同组合法》，对农协正式启动改革。日本农协是日本最大的农业经济合作组织，经过多年的发展，已经演变成为日本最大的经济垄断集团和政治上的既得利益集团。改革的内容主要包括：废除日本农协权力中对农协系统的最高领导和决策权；在现有的合并、营业转让以外，再新增组织分立和变更为股份公司的规定；都道府县农协所属的农协中央会与农协联合会合并，废除农协中央会对基层农协纠纷的调解权；都道府县农协和市町村农协必须接受普通注册会计师事务所的审计；改革市町村农协的理事会治理结构。日本政府对农协采取的改革措施进一步促使农协系统向金融支农业务回归，并提升了日本农协系统合作性金融支农的效率。此外，日本政府在《农业竞争力强化计划》中提出要在现行农业灾害补偿制度的基础上发展收入保险制度，试图进一步增强农业发展动力和提高小农的竞争力。日本政府通过修订《农业灾害补偿法》，对农业收入保险以立法形式进行确立，日本农林水产业同步跟进相关政策措施，加快推进农业收入保险制度的实施。这一阶段，日本农业共济组合也进一步精简。

5.1.2　日本金融支持乡村发展的运作机制

日本金融支农政策实施多年来，其贡献是建立了一个健全的金融支农服务体系。在这个体系之内，日本农民能够获得全方位的金融支持，农村发展需要的金融需求能够得到满足。日本的金融支农服务体系在各个领域发挥着不同的功能，对农业农村的发展起到了重要作用。

5.1.2.1 合作性金融

日本合作性金融主要依附于日本农协。向农协会员发放信用贷款支持农户的生产经营活动是日本合作性金融支农的主要方式，而信用贷款业务也一直是日本农协的主营业务。近年来，日本农协面临着改革与调整，但其信用贷款业务并没有发生实质性变化，日本合作性金融支农系统发放的贷款额度基本保持在相对稳定的状态。

5.1.2.2 政策性金融

日本政策性金融支农以长期低息贷款的形式支持农业发展，政策性资金主要是由国家财政提供，并根据国内的农业法律灵活调整项目。早期的农林渔业金融公库基金主要包括土地改良资金、自耕农维持资金、个别经营者资金和共同利用设施资金等四类资金。土地改良资金是为支持土地开垦和改良工作而设计的。自耕农维持资金主要用于向受灾农户提供贷款。个别经营者资金主要服务于符合特定条件的个体农业经营者。日本政府在个别经营者资金之下又设立了种类繁多的资金。共同利用设施资金主要用来为共同使用农业设施的农协成员提供贷款。

农业现代化基金和农业改良基金也是日本政策性金融支农的重要政策性基金。农业现代化基金主要用于对有建造农用房舍、购买农机具及其他投资等小额投资需求的农业经营者提供信用担保和利息补贴。其中，其他投资包括小规模土地改良、农村医疗设施和废弃物处理设施建设、农村给排水设施改良和重建、水产动物养殖设施改造和重建等。农业改良基金主要是为农户改良生产方式提供无息贷款，根据改良内容的不同，农业改良基金分为多个种类。

另外，政策性金融中还有自然灾害资金、林业改善资金、渔业现代化资金等政策性支农项目。这些资金项目在整个政策性支农项目资金中虽然占比较低，但同样有着支持农业的作用。日本政策金融公库对农林水产事业支持的项目种类繁多且额度逐年加大。在支农项目中，农业经营基础强化项目的额度明显超过其他项目，而农业竞争力强化作为新的加工流通项目尤其引人注目，以上不难看出，日本政策性金融支农巩固农业基础和提升农业竞争力的导向十分明确。

5.1.2.3　商业性金融

日本提供农村金融服务的商业性金融机构主要是国内的银行、信用金库及其他民间商业性银行，这些商业性金融机构主要是通过发放贷款的方式来支持农林渔业发展。日本商业性金融支农与合作性金融和政策性金融支农相比，其所占比重相对较低。需要指出的是，商业性金融机构支持农业的业务占其全部业务的比重并不高，农林渔业贷款总额在商业性金融机构贷款总额中所占的比重不足。尽管如此，商业性金融仍然是日本金融支农的一种重要力量。

5.1.2.4　农业保险

日本现行的农业保险主要分为农业共济和收入保险两个板块。农业共济包括农作物共济、家畜共济、果树共济、园艺设施共济等。日本农业共济依托农业共济组合、农业共济组合联合会和政府三级组织机构形成了“多级分担＋政府兜底”的风险分散体系。在实施过程中，农户向农业共济组合缴纳共济保险费，农业共济组合向农业共济组合联合会缴纳保险费，农业共济组合联合会向政府缴纳再保险费。在风险发生后，政府向农业共济组合联合会支付再保险金，农业共济组合联合会向农业共济组合支付保险金，农业共济组合向农户支付共济保险金。农业共济组合和农户之间是共济关系，农业共济组合和农业共济组合联合会之间是保险关系，农业共济组合联合会和政府之间是再保险关系。为了提升运行效率，农业共济组合联合会与农业共济组合进行了合并，农业共济的运行由三级组织变为两级组织。日本农业共济保险制度存在价格风险防范弱、保险限定性较强、农业共济主体减少及高附加价值农产品可保性差等问题，在此背景下，日本政府开始实施收入保险。

5.2　德国乡村发展与金融支持概况

5.2.1　德国乡村演化发展的过程

德国农业内部融资主要通过利润和资产重新配置实现，农业外部融资主要通过存款融资、股权融资自筹实现。回顾德国农业信贷历史，长期贷款

(多来自加工企业)增长,短期贷款回落。20 世纪 70 年代德国农业信贷市场以抵押信贷为主,随着合作银行的强劲增长,合作银行占据了德国农业信贷市场的最高份额。

德国农场自有资本被视作融资稳定和信用企业的标志,农业企业的自有资本率大大高于工业企业的自有资本率。德国将农场分为成长型农场、守候型农场和萎缩型农场。成长型农场的自有资本不断增长,特征是具有高竞争力,并通过折旧实现中长期投资,通过股权融资实现净投资,信贷资本需求较少。守候型农场主要为种植业,其中经济作物的比例较高。萎缩型农场股权比率持续减少,土地配置与成长型农场类似,农场经理的能力被公认是农场成长的重要条件。农场作物收成和盈利受限于地理位置,牛奶产出受生产技术的影响。

5.2.2 德国金融支持乡村发展的运作机制

5.2.2.1 共同农业政策

20 世纪 60 年代,欧洲经济共同体确定了共同农业政策的基本原则。共同农业政策的影响有以下四个方面。① 脱钩生产直补、削减价格支持,代之以直接交易补贴来支持农户收入。这一政策与世界贸易组织的“绿箱补贴”相得益彰,被视为无扭曲的资助政策。德国选择以农场与区域结合的完全脱钩模式,即从农场补贴逐步过渡到按面积的区域性补贴模式,并给农产品制定最低限定价且每年抽取一定比例的农场收入,采用现场监控的方式进行考核。② 共同农业政策使农场按市场规则决策生产,直接补贴不再纳入成本核算。国际市场的价格波动造成德国农场中短期资金流动困难,银行对信贷审查也更严格,全球牛奶和粮食需求上升使德国农民暂时获利,但市场低价实际利润减少。德国农场直补被逐渐消融,农场补贴演变成按面积实行。③ 共同农业政策对土地价格产生了作用。共同农业政策要求农场纳入地区性土地,税收优惠下农场再置土地、畜禽养殖场集约化及沼气设施建造都对土地售价和租价产生影响。④ 共同农业政策具有不确定性和政治风险。违反共同农业政策将直接影响德国农业获取欧洲农村发展基金会的资助,欧洲农村发展基金会对德国农业环保措施较好的地区或农业环保措施不好的地区提供的补贴差距较大。此外，良好的农场内部管理，例如文件、数据维护和经理人也是其全额转移支付的重要条件。

5.2.2.2　农业信贷补贴政策

第二次世界大战之后，德国联邦银行一直实行高利率和利率自由化政策，信贷市场利率一直居高不下，这对于生产高度社会化和市场化的德国农业非常不利，特别是对于战后百废待兴的德国经济来说尤为不利。1954 年，德国联邦政府开始对农村信贷实行信贷补贴政策。补贴范围包括农村中小型企业的增资扩股、内陆水域治理、互助组织、牛奶加工作坊、土地规整、新农民培育等。补贴方式包括限制农村贷款特别是农村种养业贷款的最高利率上限、降低贷款利息率、由政策性金融机构直接安排低息贷款等。补贴期限为承受补贴的贷款项目，其期限原则上不短于 8 年，短于 4 年的项目一般不予以补贴。资金来源根据项目来源或性质而定，分别来自联邦政府财政和州政府财政，或是联邦政府和州政府根据项目运作情况承担相应信贷补贴的比例。

5.3　日本与德国金融支持乡村振兴的经验启示

5.3.1　日本金融支持乡村振兴的经验与启示

5.3.1.1　日本金融支持乡村振兴的经验

日本金融支农政策有力地助推了农业农村的发展，使得农业现代化水平和国际竞争力不断提升，农村过疏化和凋敝问题得到缓解，帮助农民获得了较高水平的收入，金融支农政策成效显著。日本金融支持乡村振兴的做法为我国金融支持乡村振兴提供了一定的经验借鉴。

1. 提供充足的金融支农资源

金融支农措施全面多样是日本金融支农的一大特点。日本在金融支农领域，采取合作金融内嵌农协，主导农村金融服务供给的方式，而在合作性金融和商业性金融难以或不愿涉足的领域，日本政府选择主动介入农村金融市场，成立专门的政策性金融机构直接开展政策性金融业务来填补合作金融支农和商业性金融支农留下的空白。以信贷为例，日本金融支农的信贷项目种类繁多、覆盖面广、可获得性高，正规信贷能够满足各个阶段日本农业生产的需求，并且从资金来源到贷给农民，整个过程有整套支撑体系。又如，日本政府设计出一套完善的农业保险体系来支持和保障农业的稳定发展。可见，日本在金融支农领域，形成了包括合作性金融、政策性金融、商业性金融及农业保险在内的全方位支农体系。

2. 突出合作性金融的主体地位

日本拥有发达的合作金融，以农协为载体的日本合作金融是专门服务日本农民的合作性组织。日本农协在农民资金不足时，为农民提供资金调剂的服务，解决农民资金不足的困难；在农民出现游离资金时，为农民提供资产管理服务，能够有效地组织农民资金，提高农民资金的利用效率。日本农协通过发展农村保险事业，为农民提供有效的社会保障。日本农协的建立和运行实现了“弱者的联合”，以农协为载体的合作性金融支农在日本金融支农政策中占据重要地位，并在很大程度上帮助日本实现了农业和农村的振兴。

3. 强化政府财政的投入力度

日本农村金融服务体系有着较为浓厚的政府色彩，政府的扶持力度较大。一是，日本在政策性金融方面设立农林水产事业部作为政府支持金融支农的机构。合作性金融机构、政策性金融机构以及农业保险机构创建之初由政府拨付款项，在运行过程中得到了政府的资助。政府对农协系统不仅提供资金支持，还实行税收优惠、利息补贴和财政支持等扶持政策。例如，在农林中央金库成立初期，政府投入了大量资金，基层农协的存款利率可以高于普通银行利率，以帮助其提高储蓄率。日本政府对合作性金融或商业性金融不能或不愿涉足的农业基础建设领域给予政策性金融支持。二是，在农业保险领域日本政府在立法、再保险、资金、管理与技术等多个方面全方位扶持日本农业保险事业的发展。日本建立起三级风险分担的运营体系和完备的农业保险法律体系，农业保险的政策框架为日本农业提供了有力的保障。经过几十年的发展，日本的农业保险体系已经比较完备，并且加入农业保险的农民占农民总数的比重也很高。此外，日本政府还根据农业灾害多的特点，推行带有强制性的农业保险制度，这种农业保险制度在保障农业持续稳定发展上起到了不可替代的作用。三是，日本农业共济制度有利于农业发展和农村社会的稳定，农业共济制度的实施对日本粮食安全作出了巨大贡献。

5.3.1.2　日本金融支持乡村振兴的启示

日本金融支农的成功做法对我国金融支持乡村振兴的实践具有一定的参考价值。结合日本金融支农政策实施的有益经验，并根据我国金融支持乡村振兴面临的实际情况，我国应该着重从以下四个方面做好金融支持乡村振兴工作。

1. 增加金融支农资源的供给

随着乡村振兴战略的提出和实施，我国"三农"领域的金融需求陡增，金融支农资源供给不足。乡村振兴战略对金融资源释放出的巨大需求使金融支农有效供给不足的问题愈发显现。长期以来，我国农村资金外流问题较为突出，农村民间金融发展不规范且缺少政府支持，这些都制约了农村金融资源的有效供给。随着我国种养大户、家庭农场及农业合作社等新型农业经营主体的不断涌现，其面临的"贷款难、贷款贵、保险少"的问题越来越突出。乡村振兴所催生的农村人居环境改善和基础设施建设项目是农村建设的短板，也是急需金融资源重点倾斜的领域。我国金融支农资源的供给不足成为制约乡村实现全面振兴的瓶颈，金融支持乡村振兴应该加快完善金融资源向农村回流的机制，应对国内金融支持农业的政策全盘考虑。我国在支持农业发展上多采取财政手段，每年以高额财政补贴资金支持农业发展，但农业领域的资金供给依然不足。在这种情况下，我国政府应该将更多的财政支农资源投向金融支农领域，在实现财政支农与金融支农良性互动的同时增加金融支农资源供给。增加金融支农资源有效供给是我国实施金融支持乡村振兴的本质要求，各涉农金融机构应该遵从这项要求，否则金融支持乡村振兴难出实效。

2. 引导涉农金融机构回归本源

与日本相比，我国没有类似日本农协这类专门致力于服务农业的合作性组织，现有的涉农金融机构在为农户提供贷款时往往采用的是商业化操作方式。我国各涉农金融组织的职能定位虽然较为清晰，但其业务重心偏离"三农"的情况却十分普遍也较为严重。在政策性银行方面，国家开发银行和中国农业发展银行往往专注于常规业务，对乡村振兴中新出现的金融需求和业务关注不够。在大型商业涉农银行方面，随着中国农业银行和中国邮政储蓄银行的公司化改制和上市融资，其业务重心越来越偏离涉农领域，支农惠农的业务占比不高且存在将大量农业储户的存款用于非农领域和城镇建设的现象。在农村中小金融机构方面，我国农村中小金融机构支农主力军的作用尚不突出，为当地“三农”服务的长效机制不够健全。这些金融机构均需要根据乡村振兴的战略部署，优化机构设置，创新产品和服务项目，进一步回归服务“三农”的本源。引导金融机构支农惠农，除了需要政府为涉农金融机构提供风险兜底外，涉农金融机构自身也应该积极主动为小农户和新型农业经营主体提供金融服务。总之，引导涉农金融机构回归服务“三农”的本源是我国金融支持乡村振兴的关键。

3. 加大正规信贷的支农力度

信贷支农是金融支持乡村振兴的重要方式，但我国正规信贷投入农业农村领域的比重偏低，正规信贷支农力度不够。我国正规信贷支农力度不够的直接原因是金融机构不愿承担支农的风险或成本，其深层原因是涉农金融机构追求利润并对涉农贷款项目进行限制。这反映出信贷配给问题在我国涉农金融领域尤为严重。以小农户为例，我国小农户采取正规信贷的可得性较低。正规信贷相较于亲友借款、民间放贷及互助资金组织贷款等非正规金融渠道，其贷款手续较为复杂。要使我国金融支持乡村振兴出实效，就必须建立起正规信贷支持乡村振兴的服务体系。我国政府在已出台的相关政策文件中多次提及“三农金融事业部”改革、县域金融机构涉农贷款增量奖励政策、涉农贴息贷款政策等措施，这些举措还需要进一步落到实处。

4. 完善农业保险支农体系

我国农业保险支农体系与实现乡村振兴还存有差距，农业保险支农体系还不能适应乡村振兴的新形势和多种需求。从农业保险市场看，现有的农业保险项目存在保费高、投保复杂、索赔难等问题，农业保险促进小农户和新型农业经营主体保生产和保收入方面的作用尚未充分发挥出来。从农业保险产品看，其覆盖面还需要进一步扩大，保险品种还需要进一步丰富，农业保险的赔付标准还有待提高，多层次的农业保险体系还需要进一步完善。另外，在我国农业保险运行体系中，除了少数省份外，大部分地区还缺少完善的大灾风险分散的制度安排，政府参与农业再保险的力度和深度不够。农业再保险体系的不完善制约了农业保险的发展，而保险支农体系发展滞后则成为我国实施金融支持乡村振兴的又一个制约因素。因此，在农业保险领域，我国既要着力解决好“保费高”“投保复杂”“索赔难”等现实问题，又要因地制宜创新保险产品和服务，科学确定农业保险保费补贴机制，提升政府支持农业再保险体系建设的力度和深度，从而尽快建立起完善的重大灾害风险分散机制。

5.3.2 德国金融支持乡村振兴的经验启示

5.3.2.1 德国金融支持乡村振兴的经验

回顾德国农业投融资约30年的历史可知，其农业金融政策推动了农业结构转型的稳步发展。欧洲共同农业政策在很大程度上激励了德国乃至整个欧洲的农业改革。借鉴德国农业政策对我国乡村振兴具有现实意义。我国实施的乡村振兴战略和推动农业农村现代化需要通过投资来实现，农户融资渠道的贫乏是农业农村发展的主要障碍。农业投融资的便捷性实质性地推动了农业农村现代化的实现。德国农业合作银行在农业信贷中居于首位，我国可以结合具体情况尝试建立由国家控股的县域、村集体经济组织联合参与的合作银行。农民在农产品市场一直处于劣势，可建立信用生产消费三位一体的合作银行，从以村为单位的初级到以镇为单位的中级再到县级范围的合作银行。合作银行通过参与农产品期货市场并利用价格波动和市场信息来保障收益，再通过参与农业保险对冲自然风险和金融风险。资本替代劳动是社会经济发展不可逆的趋势，政策法规可支持传统农业的转型和融资需求，也可进一步探索资金互助合作社融入合作银行的可行路径。

5.3.2.2 德国金融支持乡村振兴的启示

1. 正确认识城乡不均衡的阶段性

德国的城乡关系演变循着工业化的轨迹而有所变化，城乡差距经历了一个由小到大、再由大到小的变化过程，在不同的城乡发展阶段，乡村发展的重点存在差异。我国在城镇化发展过程中，应审慎地看到城乡发展不均衡的必然性、阶段性和严峻性，因地制宜制定合理化的发展策略：城乡统筹—城乡一体化—城乡融合。

2. 加强农民的组织化建设

从德国城乡关系的演进历程来看，国家权力逐渐退出农村的政治领域，通过建立农民自治组织，提高农民在乡村发展中的话语权，推动乡村自治。建立了农业协同组织，把分散的农户组织起来，可以在农业生产资料采购、农民生产计划、农产品的销售等方面为农户提供帮助，促进了农业经营的规模化和集约化。因此，我国在乡村振兴过程中应重视农民的组织化建设，发挥其在乡村治理、产业、生活等方面的作用。

3. 加大对农业和农村的政策支持力度

从德国发展经验来看，加快农村经济发展是实现城乡互动、促进二者均衡协调发展的重要前提。各级政府必须在政策取向上实现由过去城市偏向型向城乡互动型的转变，通过偏向乡村的政策和制度设计来带动和激活农村的各种生产要素，释放农村发展的内在动力。因此，在我国乡村振兴发展过程中，应加大对农业和农村的政策支持力度。

4. 推动农业机械化、现代化发展

德国通过改善农业水利设施、推广优良的农业品种、广泛施用有机化肥等农业种植方式，推动了农业现代化的发展。在这一过程中，农业机械化水平不断得到提升，更多的农民得以从农业生产中解放出来，转而向其他产业寻求就业，这就为乡村工业及第三产业的发展奠定了劳动力基础。因此，我国乡村农业发展也要重视提高生产效率，推动农业生产技术革新，适度释放从事农业生产的人口。

5. 发展农村工业，吸引劳动力回流

德国政府为了缩小城乡差距，实行工业生产导入农村的政策，有效地引导大城市的一些工业向农村、小城镇扩散，既减缓了“大城市病”，又有利于带动农村非农产业发展，便利了农村剩余劳动力向第二、三产业转移。因此，我国乡村发展也应注重城市工业导入农村，但要避免在农村工业化的过程中，可能出现的土地撂荒以及非法侵占耕地的现象。同时，要积极培育乡村地方特色加工业、家庭手工业等多种类型的小微型工业，让农民真正实现本地工作，促进乡村振兴。

6. 以公共服务为导向的乡村区划调整

德国乡村区划调整贯穿城乡发展的各个阶段，强调以公共服务能力为导向推动村庄合并。我国以行政单元来整合公共服务，造成了公共服务交叉或空白等问题。因此，我国应转变以行政单元为导向的公共服务整合配套方式，借鉴德国以公共服务能力为导向的乡村区划调整经验，推动乡村公共服务均等化。

7. 推动人、财、物等城乡要素互动

德国在探索城乡一体化发展模式中，不仅为农村人口向城市转移提供方便，也为城市人口、产业向农村转移提供方便。德国允许城市劳动力随着产业向农村分流，重视大城市向周边扩展形成的“逆城市化”为农村发展带来的新机遇。因此，我国要促进城乡融合，也应积极推动人、财、物等城乡要素互动，尤其是在推进农业农村现代化的背景下，农村地区非农人口的集聚显得十分重要。

“三农”问题涉及国计民生，乡村振兴战略是新时代“三农”工作的总抓手，乡村发展离不开金融体系的支持。从我国的金融发展状况来看，金融发展的不平衡、不充分更多地体现为城乡金融服务的不平衡、金融支持“三农”的不充分，这恰恰严重制约了乡村振兴战略的有效实施。金融作为现代经济的核心，在服务乡村振兴战略的大局中具有不可替代的作用。当前我国金融支持乡村振兴还存在多元化农村金融服务体系尚不完善、涉农金融产品创新无法很好地满足农村发展需求、农村金融生态环境建设滞后等问题。因此，要学习借鉴发达国家金融支持乡村发展的成功经验，加快健全农村金融服务供给体系，加大对农村金融发展的财政支持力度，推动农村金融产品和服务创新，加强农村抵押担保机制建设，推动农业保险市场高质量发展，重视农村金融生态环境建设。

Chapter 6

第6章

完善乡村振兴中金融支持的路径选择

完善乡村振兴中金融支持的路径选择，包括明确产业振兴与乡村振兴的关系，理顺政府与市场的关系、加强金融工具与乡村振兴的耦合性。

党的十九大报告首次提出实施乡村振兴战略，并将其写入党章，这充分证明了实施乡村振兴战略是我国抓好“三农”工作的重中之重。将“三农”问题提升到一个前所未有的政治高度，体现了我国解决“三农”问题的决心。实施乡村振兴战略不仅是经济和民生的根本，而且也是“两个一百年”奋斗目标得以实现的必要条件。从 1982 年中央一号文件《中共中央一九八二年一月一日全国农村工作会议纪要》开始，中央连续多年将重心集中到了农业农村农民问题上，突出了中国现代化进程中“三农”工作的重要地位，也表明了解决“三农”问题的关键性、紧迫性。中国是一个农业大国，从古至今一直重视农业生产，农耕文明根基深厚。农业是人民生活的源泉，是一个国家经济发展的重要基础。只有农业实力强，国家才能强大。农业起到安邦济民的作用，是治国的关键，农业的重要性不言而喻。乡村振兴直接关乎现代农村经济体系的建立，可为我国实现经济高质量发展、全面建成小康社会产生巨大的推动作用。实施乡村振兴战略首先要发展乡村经济。乡村经济的发展离不开生产要素的投入，尤其是持续大量的金融资本的投入，这就在客观上需要政府建立一个覆盖面广、专业化、多层次的农村金融体系。具体来说，一是要明确产业振兴与乡村振兴的关系；二是要理顺政府与市场的关系；三是要加强金融工具与乡村振兴的耦合性。

6.1　明确产业振兴与乡村振兴的关系

乡村振兴包括产业振兴、人才振兴、文化振兴、生态振兴和组织振兴。一是产业振兴，时代要发展，产业是基础；二是人才振兴，人才是国家振兴和社会发展的关键，要积极培养有才有能力的专业人士；三是文化振兴，要加强人的思想道德建设，同时弘扬社会正气；四是生态振兴，良好的生态环境是人们生活生存的根本，要优化人们的居住环境；五是组织振兴，一个好的组织能起到带头作用，达到全面振兴的目的。

产业振兴与乡村振兴总要求中的“产业兴旺”一脉相承，是实现乡村振兴的物质基础和高质量发展的关键。没有产业振兴就没有乡村振兴，也就没有新农村的建设，更没有共同富裕的实现。乡村要振兴，产业必振兴。产业振兴是乡村振兴的重中之重，要坚持精准发力，立足特色资源，关注市场需求，发展优势产业，促进一二三产业融合发展，更多更好惠及农村农民。

6.1.1 拓展乡村产业的发展空间

塑造新型城乡关系以拓展乡村产业的发展空间。习近平总书记强调,振兴乡村,不能就乡村论乡村,还是要强化以工补农、以城带乡,加快形成工农互促、城乡互补、协调发展、共同繁荣的新型工农城乡关系。城乡关系是最基本的经济社会关系,是世界上任何国家在现代化进程中都无法回避的基本问题。这一基本问题落实到乡村振兴的实际工作中就是要发展现代农业、推动农村一二三产业融合发展、构建乡村产业体系,不断拓展乡村产业发展空间。要想达到产业振兴的目标,就要推动农村一二三产业的融合,实现基于新型城乡关系基础上的农村产业的转型,以满足人民群众日益增长的具有当地特色的乡村文化消费需求,向开发农业多种功能要潜力,发挥产业融合发展的乘数效应,更充分地发挥乡村资源独特优势,提升乡村资源价值,拓展农民致富路径。

6.1.2 完善“三农”之间的利益共振结构

用金融政策完善利益联结机制,形成农业农村农民利益共振结构。推动农村产业发展的根本目的是农民增收。促进三大产业的融合不是简单的“1+1+1=3”的公式,关键是要有科学的金融政策支持,引导三大产业之间形成合理的利益分配结构,通过就业带动、保底分红、股份合作等多种形式,形成企业和农户产业链上优势互补、分工合作的格局,支持广大小农户和现代农业发展有机衔接,建立更加有效、更加长效的利益联结机制,从而达到农民增收的目的。

乡村产业振兴是实现乡村振兴的根本举措。产业振兴是实现乡村振兴的关键和重点,产业发展是激活乡村活力的基础。因此,要实现乡村振兴,就必须要有产业振兴作为其物质保障。只有农村的一二三产业振兴了,才能提高农村的吸引力和竞争力,吸引越来越多的企业到农村投资,培育发展壮大新动能,带动周边相关产业的发展,创造出更多的就业岗位,让农民增收,安居乐业,生活水平不断提高,实现共同富裕。只有农村的一二三产业振兴了,才能有效筑牢农村的经济基础,推动农村经济的发展迈向一个新台阶,从而为农村社会各项事业持续健康发展提供物质保障,吸引更多的青壮年愿意返回农村、留在农村,让大学生等专业技术人才愿意进入农村、扎根农村，激发农村的新活力，从而带动农村产业发展。

6.2　理顺政府与市场的关系

6.2.1　制定科学的金融政策指导

6.2.1.1　完善涉农贷款统计制度，优化涉农贷款结构

现有统计口径将发放给县域企业及各类组织的贷款均列入涉农贷款范围，不能准确反映金融支农情况。例如，农林牧渔、农户、农村企业及各类组织、城市企业及各类组织的涉农贷款情况统计表从不同角度反映了金融支农情况，但农林牧渔的贷款比重增长与涉农贷款的整体情况不相协调，统计部门对农户贷款情况的入户调查也反映出类似特点。这种统计口径不利于促进金融服务普惠农村。党的十八届三中全会提出要发展普惠金融，2022 年中央一号文件《中共中央 国务院关于做好 2022 年全面推进乡村振兴重点工作的意见》明确要强化乡村振兴金融服务。农村普惠金融服务应覆盖普通农户和乡村地区小微企业，并根据其还款能力发放贷款。完善涉农贷款统计制度，一方面有助于剔除与“三农”关系不大的贷款，另一方面可具体反映普通农户和乡村地区小微企业的信贷情况，促使金融支农的扶持政策更好地产生普惠效果。

6.2.1.2　开展大型农机具融资租赁试点

大型农机具的价格一般较高，例如一台联合收割机的售价可超过 10 万元；大棚种植的投入也很大，钢架大棚的造价每亩达数万元。这些投入超出亲朋借贷和小额贷款的覆盖范围，加上大型农机具折旧快、变现难的特点导致农户融资渠道不畅。这些问题不利于调动“三农”领域的投资积极性，需要金融服务创新。近年来，我国融资租赁行业快速发展，前景广阔，但在农村市场发展不快。从发达国家的情况看，农村金融领域的融资租赁具有独特功能，为农民配备大型农机具发挥了关键作用。我国发展农业的基本方向是推进适度规模经营以提高生产效率，保证必要的固定资产投入。因此，推进农村融资租赁业务发展具有深远意义，开展大型农机具融资租赁试点是其中一个重要切入点。

6.2.1.3 开展信贷资产质押再贷款试点,提供更优惠的支农再贷款利率

以信贷资产质押方式提供支农再贷款是政策创新。基层农村信用合作社等支农主力存贷比较高,需要政策支持以拓展资金来源,更好地满足“三农”融资需求。中央银行发放支农再贷款有助于促进金融机构支农,但从降低再贷款风险角度看,农村信用合作社等机构应提供一定的质押。在具体工作中,采取债券质押方式比较多见。债券的流动性较好,但农村信用合作社持有债券的规模有限,难以获得足够的支农再贷款。通过信贷资产质押,为支农再贷款提供增信机制,有助于解决这一问题,也为降低支农再贷款利率提供了条件。从中西部地区农村信用合作社的情况看,由于经济基础、地理条件等原因,支农成本较高,迫切需要更低成本的资金来源。因此,这种基于信贷资产质押的优惠利率再贷款能更好地促进基层金融机构支农,在中西部欠发达地区尤其如此。

6.2.1.4 稳妥开展农民合作社内部资金互助试点

积极探索新型农村合作金融发展的有效途径,稳妥开展农民合作社内部资金互助试点,落实地方政府监管责任。发展农村合作金融强调社员制、封闭性、不对外吸储放贷、不支付固定回报,并明确地方政府负有监管职责。在农民合作社社员内部封闭运行是防止风险传染的关键,必须以外部监管为前提,地方政府责无旁贷。因此,应在新形势下探索完善可持续发展的经验和模式,包括地方监管机制。从国内经验教训看,新型农村合作金融组织自身规模较小,规范化程度也有待提高,结合外部监管提高组织化水平是实现健康可持续发展的重要途径。其中,信息化技术、专业化人员是推进相关工作的关键。

6.2.1.5 完善银行和融资担保机构合作机制

鼓励开展“三农”融资担保业务,大力发展政府支持的“三农”融资担保和再担保机构,完善银行和融资担保机构合作机制。目前,融资担保行业可持续发展机制有待健全。对于重点扶持发展的领域,发展政府支持的融资担保机构是大势所趋。因此,在农业领域发展政策性融资担保机构是必要的。从实际情况看,融资担保机构反应比较强烈的问题是银行和融资担保机构合作机制中普遍由融资担保机构承担了全部风险。融资担保机构的代

偿压力居高不下，一旦社会融资形势偏紧，则往往难以为继。在现实中，民营融资担保机构可持续发展能力普遍较弱。此外，银行和融资担保机构合作机制的另一问题是银行和融资担保机构之间没有建立有效的协同互补关系。银行不承担风险，缺乏与融资担保机构共享客户信息的动力，融资担保机构难以获得充分信息，管理风险的难度很大。如果银行推荐给融资担保机构的客户本身面临较大风险，则融资担保机构的处境可想而知。因此，要实现融资担保行业的健康发展，完善银行和融资担保机构合作机制是重要条件。在农村金融领域，政府支持的融资担保机构承担一定的政策性功能，业务的规范性相对较强，这为完善银行和融资担保机构的合作机制提供了基础。

6.2.2　创新金融市场产品与服务

农村金融创新非常活跃，不仅在传统负债业务和资产业务基础上积极创新，还在中间业务领域相继推出了理财业务、贵金属交易、互联网金融等产品。同时，农村金融电子化建设力度也不断推进，以网络为依托，先后开展了电子联行及各类代收、代付等业务。但是，由于诸多因素的制约，农村金融创新能力仍然较为落后。以云南省曲靖市为例，当前农村金融服务品种单一，主要集中在传统的存贷款业务上，满足农户信贷资金需求的信贷品种较少，金融创新主要是模仿和借鉴国内商业银行的做法，以吸纳性创新为主，特色和原创性创新很少，创新产品具有很强的同质性。另外，受资金实力和开发水平制约，新科技应用存在成本高、水平低、推广慢等问题，农村金融支付结算方式仍以传统结算为主，现金、同城结算、通存通兑占主导地位，信用卡、电话银行、网上银行、手机银行等先进工具的应用覆盖率不高。这些均导致了大量低成本的存款流失，制约了新金融产品的开发。如何开发更多适应农村经济条件的金融产品，并对现有产品根据经济形势变化进行改造是目前比较重要的研究方向。

6.2.2.1　加大贷款财政贴息力度

财政应加大贴息资金规模，将涉农贷款按 1 年期贷款基准利率的相当比例给予贴息，特别对国家贫困县涉农贷款，给予一定比例的贴息，并明确划分财政补贴对象，加大对潜力客户的补贴力度。同时，放宽贴息主体，采用市场化的招标方式，由财政部门和农业部门确定最高贷款利率和贴息比例，让有意愿提供贷款的金融机构按相关要求参加投标，并对中标金融机构给予税收优惠。

6.2.2.2 扩大农业保险补贴范围

有关部门应共同制定统一的中央财政种植业、养殖业保险保费补贴管理办法，稳步扩大中央财政农业保险保费补贴试点地区和补贴品种。同时，完善农业保险保费补贴的市场化运作机制，平衡各方利益，切实保护和提高农户投保的自觉性和积极性。

6.2.2.3 创新支农贷款的抵押担保机制

对投保财产保险的农户，可以采用财产抵押与保单质押相结合的方式。创新农户及小企业多户联保、协会担保的方式，推出林权抵押、存货抵押和收购资金贷款封闭运行等方式，试办集体建设用地、宅基地抵押贷款和养殖水面使用权抵押贷款等，进一步创新支农贷款的抵押担保机制。同时，依照财政补贴政策的引导作用，对享有良种补贴、农机具购置补贴等财政补贴政策的农户贷款程序可以从简从快。

6.2.2.4 增加推广理财产品

金融机构应利用其理财业务已经在城区充分开展的优势，逐步在农村推广债券、基金、黄金、人民币理财业务，将部分负债业务转化为中间业务。考虑到农民的人均收入水平比较低和风险承受能力比较差的特点，理财产品的准入门槛要适当降低，客户承担的费用也要相应调整。

6.2.3 完善组织结构系统以及现代化治理体系

完善农村基层组织结构是农村健康发展的前提条件。农村和城市的和谐发展与共存是中国社会良性发展的保证。现代农业与现代工业虽然密不可分，但农村与城市却没有糅合在一起，农村与城市二元分立始终存在。改革开放前，为了让农村像城市一样可持续发展，城市中有的金融、物流、工业等，农村也有一套，只是规模比较小。改革开放后，国家政策向城市倾斜，城市化进程加快，农村发展较慢。相应的农村各种组织结构并不完善。因此，需要重建农村的各种组织机构，重建服务农村的金融、物流、工业等，在城乡二元结构里，让农村发展，或者让农村按照团体间合作与城市进行互补的方向发展。

在完善组织结构系统的基础上，现代化的治理体系也是实现乡村振兴的必要条件。党的十九大报告指出，构建现代农业产业体系、生产体系、经营体系，完善农业支持保护制度，发展多种形式适度规模经营，培育新型农业经营主体，健全农业社会化服务体系，实现小农户和现代农业发展有机衔接。乡村治理是实现乡村振兴的重要基石，也是推进国家治理体系和治理能力现代化的重要一环。要加强农村基层基础工作，健全自治、法治、德治相结合的乡村治理体系，培养造就一支懂农业、爱农村、爱农民的"三农"工作队伍。

6.3 加强金融工具与乡村振兴的耦合性

针对广大农村地区实施乡村振兴战略，首要任务就是健全农村居民社会保障制度，形成以政府财政支持为主体，社会及个人多方位集中发力的保障体系，并不断加大投入力度，使其得到稳定增长。进入21世纪以来，随着科学技术的快速发展，我国农村在实施乡村振兴战略时，已结合"互联网"等新业态，大力发展旅游和电商产业，为农村经济发展注入新活力。农村通过产业与城镇化的融合，不仅拓展了农民致富增收的渠道，也将一部分外流人才吸引回乡。农业农村现代化极大地解决了农村剩余劳动力就业问题，推动了农村新兴产业的快速发展。金融作为实现经济增长必不可少的核心资源，在实施乡村振兴战略的关键时期，要加大金融对乡村振兴的支持作用。就云南省曲靖市而言，要从以下方面加强金融工具与乡村振兴之间的内在耦合性。

6.3.1 完善农村金融服务体制机制

6.3.1.1 分类推进金融机构改革

在稳定县域法人地位、维护体系完整、坚持服务"三农"的前提下，进一步深化云南省农村信用合作社改革，组建农村商业银行，增强农村信用合作社自我发展能力，真正做到贴近农民、扎根农村，更好地发挥支农主力军作用。继续深化中国农业银行“三农”金融事业部改革,提高县级支行“三农”金融事业部达标率,扩大优惠存款准备金率执行面,提升对“三农”的综合服务水平。继续推动中国农业发展银行改革,强化政策性职能定位,改进服务方式,加大对农业开发和农村基础设施建设的中长期信贷支持,同时鼓励其他商业银行创新信贷管理体制,放宽基层机构信贷审批权限,增加对“三农”发展的信贷投放。稳步培育发展村镇银行,优先支持民营资本在农村地区设立金融机构,开展面向“三农”的差异化、特色化服务,有效增加农村地区信贷供给。

6.3.1.2 发展农村金融服务组织

鼓励各类主体建立公募或私募农业产业投资基金、农业企业股权投资基金和农业科技创业投资基金,研究建立主要服务“三农”的金融租赁公司。规范发展小额贷款公司,完善管理政策,拓宽融资渠道,有效增加涉农资金投放。在管理民主、运行规范、带动力强的农民专业合作社和供销合作社基础上培育发展农村合作金融组织。

6.3.1.3 培育农村市场中介机构

鼓励组建政府出资为主、重点开展涉农担保业务的县域融资担保机构或担保基金,为农业生产经营主体提供融资担保服务。围绕农村财产向资本转化的过程,推进农村产权交易市场建设,积极培育土地承包经营权、农村房屋所有权等资产权利的评估、抵押登记、流转服务机构,消除农村财产资产抵质押存在的障碍。

6.3.1.4 优化金融机构网点布局

鼓励银行、证券、保险机构在县域地区设立分支机构,进一步向社区、乡镇延伸服务网点。各金融机构要合理规划网点布局,继续改善基础金融服务全覆盖工作,深化“惠农支付点”建设,采取定时定点服务、自助服务终端和手机支付等多种形式,提供简易便民金融服务。各级政府及有关部门要认真制定和落实配套的财政补贴、税收优惠等扶持政策,合理补偿金融机构偏远乡镇网点的成本风险,增强其持续发展能力。

6.3.1.5 深化沿边金融综合改革试验区建设

细化《云南省广西壮族自治区建设沿边金融综合改革试验区总体方

案》，落实“三农”发展政策措施，创新人民币跨境结算业务模式，鼓励银行开展境内外联动的人民币融资产品创新，加大政策宣传，支持试验区农户、涉农企业发展，增强曲靖市农业的外向度。

6.3.2　保持涉农信贷投放较快增长

6.3.2.1　加大涉农贷款投放

各涉农金融机构要充分认识曲靖市“三农”发展和城镇化建设中蕴藏的巨大发展机会，围绕云南省委、省政府提出的高原特色农业发展战略，切实加大对农业基础设施、农业产业化等项目的支持，改善金融服务，力争实现涉农贷款增速不低于当年各项贷款平均增速，增量高于上年水平的目标。

6.3.2.2　增加法人金融机构新增贷款总量

地方法人金融机构要盘活信贷存量、用好增量，加大对“三农”的信贷投放。运用差别存款准备金动态调整工具，通过稳健性参数的调整，对曲靖市的法人金融机构增加新增贷款总量，支持金融机构加大涉农贷款投放。

6.3.2.3　增强涉农金融机构支农资金实力

要灵活运用再贷款、再贴现、存款准备金等货币政策工具，引导涉农信贷加大投放力度。下调县域农村商业银行、农村合作银行存款准备金率，对符合条件的农村金融机构，继续执行较低存款准备金率政策。政府安排支农再贷款额度，支持云南省农村信用合作社、村镇银行扩大对“三农”的信贷投放；安排支小再贷款，支持农村金融机构加大对小微企业的信贷投放。对涉农票据以及农村金融机构承兑、持有的票据，优先办理再贴现。支持地方法人金融机构发行专项用于“三农”的金融债，开展涉农资产证券化试点，多方增加可贷资金。

6.3.2.4　改进涉农信贷管理模式

各涉农金融机构要在强化业务全面风险管理的基础上，探索单列涉农信贷计划的管理模式，下放贷款审批权限，完善绩效考核机制，推行尽职免责制度，激发“三农”信贷投放的动力。进一步简化金融服务手续，推行通俗易懂的合同文本，优化审批流程，规范服务收费，切实维护农民利益。

6.3.2.5 创新农村金融产品和服务方式

各银行业金融机构要结合现代农业发展特点，积极创新组织、产品和服务。扩大农村有效担保物范围，积极推进农村土地承包经营权确权登记颁证工作，开展土地承包经营权抵押贷款工作；慎重稳妥推动农民住房财产权抵押工作，进一步健全完善林权抵押登记体系，积极研发“三权三证”抵押贷款等专项产品，稳步推进以“三权三证”为主的农村产权抵押融资。推行“一次核定、随用随贷、余额控制、周转使用、动态调整”的农户信贷模式，合理确定贷款额度、放款进度和回收期限。推广“企业＋农民专业合作社＋农户”“企业＋家庭农场”等农业产业链金融模式。大力发展农村电话银行、网上银行业务。创新和推广专营机构、信贷工厂等服务模式。推广“信贷保险”金融合作，将涉农保险投保情况作为授信要素，探索拓宽涉农保险保单质押范围。

6.3.3 满足涉农重点领域的金融需求

6.3.3.1 支持提升农业综合生产能力

加大对粮油糖高产创建、畜禽水产品标准化养殖、种养业良种生产等经营项目的信贷支持力度。重点支持农业科技进步、现代种植业、农机装备制造、农产品精深加工等现代农业项目。大力发展绿色金融，促进节水农业、循环农业和生态友好型农业发展，支持农业发展方式转变。将各类新型农业经营主体纳入信用评定范围，提高授信额度，重点支持发展层次高、经营效益好、带动能力强、信用状况佳的新型农业经营主体。

6.3.3.2 支持高原特色农业发展

各金融机构要围绕高原粮仓、特色经济作物、山地牧业、淡水渔业、高效林业、开放农业等6大重点项目，以支持庄园经济为抓手，积极开发符合行业特点的金融产品，在利率、期限、额度、流程、风险控制等方面创新，进一步满足家庭农场、专业大户、农民专业合作社和农业产业化龙头企业等经营主体的金融需求。积极做好农村地区农副产品加工、旅游、民族文化产业等特色优势行业的金融支持。扩大民族贸易和民族特需商品生产贷款发放，争取中央贴息资金快速增长，增强有关企业发展能力。

6.3.3.3　支持农业基础设施建设

大力支持水利设施建设，加大对跨区域调水和区域内节约用水重点项目的信贷投放。加大对高标准农田建设、中低产田改造、农林产品生产基地和连片蔬菜种植大棚等项目的信贷支持力度。支持有条件的地方推行农业机械化作业，开展大型农机具抵押贷款，提高农业科技装备水平。支持农产品产地批发市场、零售市场、仓储物流设施、连锁零售等服务设施建设，提升农业社会化服务水平。

6.3.3.4　探索支持新型城镇化发展的有效方式

各金融机构要按照“城镇上山”的发展战略，积极创新适应新型城镇化发展的金融服务机制，重点发挥政策性金融作用，稳步拓宽城镇建设融资渠道。强化对产业培育的支持，发挥“贷免扶补”贷款模式的优势，支持农民自主创业和扩大再生产，支持农民消费升级的有效信贷需求，着力做好农业转移人口的综合性金融服务。积极争取国家开发银行采取市场化方式发行住宅金融专项债券，重点用于支持棚户区改造及城市基础设施等有关工程建设。

6.3.3.5　加大金融扶贫力度

充分发挥政策性金融的导向作用，增加财政扶贫贴息资金的投入，建立扶贫贴息贷款风险补偿机制，建立扶贫贴息贷款保险分担机制，调动金融机构参与扶贫开发的积极性，完善扶贫贴息贷款政策，进一步推动财政与金融在扶贫领域良性互动。推动金融机构和网点向贫困地区延伸，改善贫困地区金融服务环境，切实加大贫困地区扶贫开发金融扶持力度。积极支持贫困农户、农村妇女、残疾人等群体创业就业，加大对劳动密集型企业、服务业的信贷支持，提升贫困地区就业创业水平，有效增加农民收入。

6.3.4　充分发挥农业保险的支持保障作用

6.3.4.1　创新农业保险产品

研发符合云南省实际的农业保险服务模式，稳步开展主要粮食作物、生猪和蔬菜价格保险，开展特色农业保险、扶贫小额保险，扩大特色种养业险种。拓宽保险资金运用范围，支持农业基础设施建设。

6.3.4.2 建立完善农业保险机制

完善保费补贴政策，提高对主要粮食作物的保费补贴比例，把小麦、马铃薯、育肥猪纳入中央政策性农业保险补贴范围，加大对水稻、玉米、橡胶树等险种的补贴力度。完善农业保险大灾风险分散机制，增强对重大自然灾害风险的抵御能力。发挥小额贷款保证保险风险补偿资金的引导作用，缓解涉农小微企业资金困难。

6.3.5 培育发展农村资本市场

6.3.5.1 扩大涉农企业在资本市场、债券市场的融资

拓宽"三农"多元化融资渠道。结合云南省实际，完善配套政策措施，加强对具有自主创新能力、发展前景好的涉农企业的上市辅导培育工作，支持符合条件的农业企业在主板、中小板、创业板及境外市场发行上市，引导暂不具备上市条件的涉农企业到"新三板"挂牌交易。鼓励发行企业债、公司债和中小企业私募债。逐步扩大涉农企业发行中小企业集合票据、短期融资券等非金融企业债务融资工具的规模。

6.3.5.2 发挥期货市场的服务功能

加强信息服务和宣传教育，引导和鼓励涉农企业和农村经济组织积极利用期货市场，通过期货交易或运用期货市场价格信息合理安排生产，有效管理价格波动风险。鼓励和引导期货经营机构发挥专业优势，帮助涉农企业和农村经济组织利用期货市场套期保值，加强风险管理，提高期货市场服务"三农"的能力。

6.3.6 改善农村金融基础设施建设

6.3.6.1 深入推进农村信用体系建设

认真做好信用户、信用村、信用乡镇创建工作，提升农户的信用意识，改善农村信用环境。推进信用县建设工作，积极探索符合云南省实际的工作路径，着力改善县域信用环境。进一步完善涉农小额贷款公司和融资性担保机构接入征信系统，优化融资环境。

6.3.6.2　改善农村支付服务环境

加快农村地区金融网点接入支付系统，完善云南省支付结算综合业务系统共享平台，畅通农村地区资金流入流出渠道。加强惠农支付服务点建设，实现惠农支付业务在行政村全覆盖，并向自然村延伸。推广手机支付等移动便捷支付，为农村地区提供简易便捷的金融服务。推进沿边支付环境建设，提高沿边支付结算便利度，加快境内外沿边地区各类支付工具的推广力度，实现沿边各州、市自然村惠农支付服务全覆盖。加大非现金支付工具在重点行业、特色产业、专业集贸市场的应用，加快县域银行卡刷卡无障碍示范街和银行卡受理市场建设，加大农村地区银行卡业务和惠农卡的推广力度。

6.3.6.3　保护农村金融消费者权益

加强金融消费权益保护部门间的协调与联动，畅通农村金融消费者诉求渠道，妥善处理金融消费纠纷。针对农村金融消费群体深入开展送金融知识下乡、入社区、进校园活动，不断增强广大农民的风险意识和维权意识。各金融机构要完善投诉受理、处理工作机制，切实维护农村地区金融消费者的合法权益。

6.3.7　强化政策引导和措施保障

6.3.7.1　加大货币信贷政策支持力度

进一步提高支农再贷款使用效率，结合实际合理确定贷款期限，促进金融机构扩大涉农信贷投放。合理运用差别存款准备金动态调整工具，切实落实县域银行业法人机构把一定比例存款投放当地的激励措施，支持法人金融机构增加涉农贷款投放。积极引导小额担保贷款、扶贫贴息贷款、国家助学贷款向农村地区倾斜。各金融机构要加大系统内信贷资源调剂力度，在授信审查、资金调度、绩效考核等方面对“三农”给予优先支持。地方法人金融机构要多渠道筹集资金，增加投放能力，尽可能加大对农村企业和农户的支持。

6.3.7.2　实施差异化监管政策

结合“三农”发展实际，不断完善农村金融监管制度，改进手段和方法。

适当放宽农村地区金融机构存贷比监管标准，提高对农村地区金融机构不良贷款率的容忍度。在有效保护股东权益的前提下，提高金融机构不良贷款核销效率。探索建立银行业金融机构新设县域分支机构信贷投放承诺制度。支持符合条件的农村金融机构发行优先股和二级资本工具融资。消除有关涉农企业、涉农组织参与期货交易的制度性障碍，建立有关组织参与期货交易的风险控制机制。

6.3.7.3 加大财税政策扶持力度

加强金融政策与财政政策协调配合，整合各类财政资金，支持构建多层次、多渠道的农村投融资体系。落实国家对农村金融服务体系建设的鼓励政策、农户贷款税收优惠、涉农贷款增量奖励、农村金融机构定向费用补贴等政策，降低涉农金融机构经营成本，增强涉农贷款投放积极性。探索建立地方财政出资的涉农信贷风险补偿基金，完善风险分散和补偿机制。

6.3.7.4 完善涉农资金投入统计制度

加强金融统计制度建设，认真落实涉农贷款、大中小微企业贷款统计制度，提高数据质量，全面、及时、准确反映农林牧渔业贷款、农户贷款、农村小微企业贷款以及农民专业合作社贷款情况。建立农村产权抵押融资统计监测制度，开展涉农资金投入效果评估，不断完善有关政策措施，更好地引导带动金融机构支持"三农"发展。

6.3.7.5 切实防范金融风险

各金融管理部门要密切配合、通力协作，加强金融监管，着力做好风险识别、监测、评估、预警和控制工作，认真分析研究金融风险的可能传播途径，不断健全新形势下的风险处置机制，确保全省金融稳定。各金融机构要进一步健全制度，完善风险管理。各州、市人民政府要按照监管规则和要求，切实担负起对小额贷款公司、担保公司、典当行、农村资金互助合作组织的监管责任，层层落实突发金融风险事件处置的组织职责，制定完善风险应对预案，守住不发生区域性、系统性金融风险的底线。

乡村振兴涉及农村政治、经济、文化、社会、生态文明、农民福祉等多个方面，涵盖了产业兴旺、生态宜居、乡风文明、治理有效、生活富裕的乡村振兴战略的总要求，彼此之间相互联系、相辅相成，并逐渐走向乡村振兴的道路。农村发展最基本的要素是经济，即农村经济的发展和农民收入水平的提升。有了经济基础为支撑，农村其他方面的发展才更具潜力和可持续性。

Chapter 7

第7章

结　语

乡村振兴战略是实现我国农业农村现代化的发展契机，乡村振兴的实施则离不开金融的动力支持。研究乡村振兴中的金融支持问题有助于解决“三农”问题，有助于乡村振兴战略的落地生根。

金融作为乡村振兴战略的动力引擎，在发展农村经济、提高农民收入等方面发挥了重要作用。本书以云南省曲靖市乡村振兴中的金融支持为研究对象，揭示了乡村振兴中农村面临的金融支持问题。本书以现代金融发展理论、农村金融理论、不完全竞争市场理论、新公共服务理论为理论基础，尝试构建了乡村振兴和金融支持的耦合逻辑框架，给出了乡村振兴中金融支持的路径选择。

农村金融服务是破解城乡二元结构弊端，实现城乡资源配置均衡化、高效化的关键性工作。在农村综合改革进程中应深入推进农村金融供给侧结构性改革，消除城乡二元结构体制在农村金融领域的影响和弊端，合理配置农村金融资源。要从均等化和普惠化的金融服务取向出发，大力转变金融服务方式，科学调控金融资源配置，大力扶持民营经济和新型农业经营主体。要建立健全农村金融均等化、普惠化供给机制，细化农村金融服务的规章制度和操作办法，提高农村金融供给效率和质量。

乡村振兴中的金融支持是一种创新模式，不仅是产品模式的创新，更是一种理念和意识的创新，依靠既有的方式和方法很难走出一条新路，必须要有新的思路与新的方法。一是大力推进农村金融改革向实体实效转变。农村金融的体制、机制及产品、服务方式，特别是放贷与收贷方式，要适应新型农业经营主体和农业农村现代化新产业新模式发展的需要，把农村金融运行规则同农业经营特点、实体运行需求和自然规律有机结合起来。让农村金融消费主体和农村经营实体增强获得感和安全感。二是大力推进农村金融改革向智能高效转变。在现有农村金融管理和运行设施的基础上，积极应用大数据、互联网、云计算等现代信息技术，提高农村金融的智能化水平。三是大力推进农村金融改革向结构和机制优化转变。随着深入推进农业供给侧结构性改革和乡村振兴战略的实施，特别是随着数字农业、数字乡村发展，农村金融消费需求发生深刻变化，新的金融消费主体及其新需求日益增多，应以农村金融消费新主体新需求为导向，创新农村金融产品和服务方式，提高与新时代农业农村现代化发展的适应度。四是积极发展农业保险金融。农业保险已成为农业农村重要的金融工具，因此应扩大农业保险覆盖面，增加保险品种，提高农业风险保障水平，积极开发适应新型农业经营主体需求的保险品种，积极探索重要农产品目标价格保险以及收入保险、天气指数保险等品种。稳步扩大“订单农业＋保险＋期货（权）”的项目试点，提高农业保险保障能力。

实现产业振兴，就要把握乡村产业发展的特点和规律。国家从2020年反复提到加快构建以国内大循环为主体、国内国际双循环相互促进的新发展格局，这个新发展格局的关键是通过供给侧结构性改革，提高国内经济供给质量。以国内大循环为主体，意味着打通国内生产、分配、流通、消费的各个环节。我国金融机构，到具体落地环节的时候，一般很少考虑供给侧结构性改革的问题，考虑的多是局部问题或者闭环问题。

近年来，金融机构、互联网巨头、高新技术企业、资源型企业、农业产业大户都出现过在农业产业上投资失败的经历，这是因为农业产业化和乡村振兴中的金融支持是跨界的领域，考验的是综合能力。国家全面推进乡村振兴，对金融服务提出了更高的要求，金融机构以及金融机构中的人员面临着前所未有的挑战。在未来的规划中，随着农业、技术、人员的快速变化，金融与农业产业需要进入良性发展循环。从金融机构角度看，要增加有效的金融供给，特别是要重点支持农村的全产业链发展，开展链式金融服务，推动更多的产业主体能够留在农村，让产业链上的价值增值部分能够更多地留给广大的农民，能够把更多的就业机会留在农村，产业的收益能够更多地惠及农民。从业务实施角度看，越来越多的金融机构也在大力发展数字普惠金融，数字技术未来肯定在农村金融服务方面发挥重要的作用。所以，农村数字普惠金融，需要刚性需求拉动数字技术的使用，乡村振兴的落地实施是一种创业，无论是顶层设计还是实施细节，无不得用创业精神来开创。从金融机构中团队意识和能力角度看，乡村金融的落地实施需要团队人员的执行，而培养团队人员这方面的学习和能力需要相当的成本，因此金融机构要在考核机制上对团队人员进行激励，向团队人员赋能。只有这样才能真正发挥金融工具在乡村振兴战略中的作用，从而助推乡村振兴战略落地生根。

由于研究视角选择的限制和研究篇幅的制约，本书在研究的过程中主要是运用公共服务与金融服务的相关理论对云南省曲靖市在乡村振兴中金融支持的问题进行解读。这种解读在一定意义上会受到研究界域的限制，其在全国的范式价值还有待进一步的探究。我国幅员辽阔，区域发展不平衡，东部、中部和西部等不同区域在发展理念、资源禀赋、发展方式、人才队伍等方面均有不同的表现样态，如何从本地的实际出发，充分挖掘现有的多种资源来助推乡村振兴战略的实施，特别是充分发挥金融工具在乡村振兴战略中的积极作用仍然是理论界与实践界持续关注的话题。

Appendix 1

附录 1

中共中央 国务院关于实施乡村振兴战略的意见

中共中央 国务院关于实施乡村振兴战略的意见

（2018年1月2日）

实施乡村振兴战略，是党的十九大作出的重大决策部署，是决胜全面建成小康社会、全面建设社会主义现代化国家的重大历史任务，是新时代“三农”工作的总抓手。现就实施乡村振兴战略提出如下意见。

一、新时代实施乡村振兴战略的重大意义

党的十八大以来，在以习近平同志为核心的党中央坚强领导下，我们坚持把解决好“三农”问题作为全党工作重中之重，持续加大强农惠农富农政策力度，扎实推进农业现代化和新农村建设，全面深化农村改革，农业农村发展取得了历史性成就，为党和国家事业全面开创新局面提供了重要支撑。5年来，粮食生产能力跨上新台阶，农业供给侧结构性改革迈出新步伐，农民收入持续增长，农村民生全面改善，脱贫攻坚战取得决定性进展，农村生态文明建设显著加强，农民获得感显著提升，农村社会稳定和谐。农业农村发展取得的重大成就和“三农”工作积累的丰富经验，为实施乡村振兴战略奠定了良好基础。

农业农村农民问题是关系国计民生的根本性问题。没有农业农村的现代化，就没有国家的现代化。当前，我国发展不平衡不充分问题在乡村最为突出，主要表现在：农产品阶段性供过于求和供给不足并存，农业供给质量亟待提高；农民适应生产力发展和市场竞争的能力不足，新型职业农民队伍建设亟需加强；农村基础设施和民生领域欠账较多，农村环境和生态问题比较突出，乡村发展整体水平亟待提升；国家支农体系相对薄弱，农村金融改革任务繁重，城乡之间要素合理流动机制亟待健全；农村基层党建存在薄弱环节，乡村治理体系和治理能力亟待强化。实施乡村振兴战略，是解决人民

日益增长的美好生活需要和不平衡不充分的发展之间矛盾的必然要求，是实现“两个一百年”奋斗目标的必然要求，是实现全体人民共同富裕的必然要求。

在中国特色社会主义新时代，乡村是一个可以大有作为的广阔天地，迎来了难得的发展机遇。我们有党的领导的政治优势，有社会主义的制度优势，有亿万农民的创造精神，有强大的经济实力支撑，有历史悠久的农耕文明，有旺盛的市场需求，完全有条件有能力实施乡村振兴战略。必须立足国情农情，顺势而为，切实增强责任感使命感紧迫感，举全党全国全社会之力，以更大的决心、更明确的目标、更有力的举措，推动农业全面升级、农村全面进步、农民全面发展，谱写新时代乡村全面振兴新篇章。

二、实施乡村振兴战略的总体要求

（一）指导思想。全面贯彻党的十九大精神，以习近平新时代中国特色社会主义思想为指导，加强党对“三农”工作的领导，坚持稳中求进工作总基调，牢固树立新发展理念，落实高质量发展的要求，紧紧围绕统筹推进“五位一体”总体布局和协调推进“四个全面”战略布局，坚持把解决好“三农”问题作为全党工作重中之重，坚持农业农村优先发展，按照产业兴旺、生态宜居、乡风文明、治理有效、生活富裕的总要求，建立健全城乡融合发展体制机制和政策体系，统筹推进农村经济建设、政治建设、文化建设、社会建设、生态文明建设和党的建设，加快推进乡村治理体系和治理能力现代化，加快推进农业农村现代化，走中国特色社会主义乡村振兴道路，让农业成为有奔头的产业，让农民成为有吸引力的职业，让农村成为安居乐业的美丽家园。

（二）目标任务。按照党的十九大提出的决胜全面建成小康社会、分两个阶段实现第二个百年奋斗目标的战略安排，实施乡村振兴战略的目标任务是：

到 2020 年，乡村振兴取得重要进展，制度框架和政策体系基本形成。农业综合生产能力稳步提升，农业供给体系质量明显提高，农村一二三产业融合发展水平进一步提升；农民增收渠道进一步拓宽，城乡居民生活水平差距持续缩小；现行标准下农村贫困人口实现脱贫，贫困县全部摘帽，解决区域性整体贫困；农村基础设施建设深入推进，农村人居环境明显改善，美丽宜居乡村建设扎实推进；城乡基本公共服务均等化水平进一步提高，城乡融合发展体制机制初步建立；农村对人才吸引力逐步增强；农村生态环境明显好转，农业生态服务能力进一步提高；以党组织为核心的农村基层组织建设进一步加强，乡村治理体系进一步完善；党的农村工作领导体制机制进一步健全；各地区各部门推进乡村振兴的思路举措得以确立。

到2035年，乡村振兴取得决定性进展，农业农村现代化基本实现。农业结构得到根本性改善，农民就业质量显著提高，相对贫困进一步缓解，共同富裕迈出坚实步伐；城乡基本公共服务均等化基本实现，城乡融合发展体制机制更加完善；乡风文明达到新高度，乡村治理体系更加完善；农村生态环境根本好转，美丽宜居乡村基本实现。

到2050年，乡村全面振兴，农业强、农村美、农民富全面实现。

（三）基本原则

——坚持党管农村工作。毫不动摇地坚持和加强党对农村工作的领导，健全党管农村工作领导体制机制和党内法规，确保党在农村工作中始终总揽全局、协调各方，为乡村振兴提供坚强有力的政治保障。

——坚持农业农村优先发展。把实现乡村振兴作为全党的共同意志、共同行动，做到认识统一、步调一致，在干部配备上优先考虑，在要素配置上优先满足，在资金投入上优先保障，在公共服务上优先安排，加快补齐农业农村短板。

——坚持农民主体地位。充分尊重农民意愿，切实发挥农民在乡村振兴中的主体作用，调动亿万农民的积极性、主动性、创造性，把维护农民群众根本利益、促进农民共同富裕作为出发点和落脚点，促进农民持续增收，不断提升农民的获得感、幸福感、安全感。

——坚持乡村全面振兴。准确把握乡村振兴的科学内涵，挖掘乡村多种功能和价值，统筹谋划农村经济建设、政治建设、文化建设、社会建设、生态文明建设和党的建设，注重协同性、关联性，整体部署，协调推进。

——坚持城乡融合发展。坚决破除体制机制弊端，使市场在资源配置中起决定性作用，更好发挥政府作用，推动城乡要素自由流动、平等交换，推动新型工业化、信息化、城镇化、农业现代化同步发展，加快形成工农互促、城乡互补、全面融合、共同繁荣的新型工农城乡关系。

——坚持人与自然和谐共生。牢固树立和践行绿水青山就是金山银山的理念，落实节约优先、保护优先、自然恢复为主的方针，统筹山水林田湖草系统治理，严守生态保护红线，以绿色发展引领乡村振兴。

——坚持因地制宜、循序渐进。科学把握乡村的差异性和发展走势分化特征，做好顶层设计，注重规划先行、突出重点、分类施策、典型引路。既尽力而为，又量力而行，不搞层层加码，不搞一刀切，不搞形式主义，久久为功，扎实推进。

三、提升农业发展质量，培育乡村发展新动能

乡村振兴，产业兴旺是重点。必须坚持质量兴农、绿色兴农，以农业供给侧结构性改革为主线，加快构建现代农业产业体系、生产体系、经营体系，提高农业创新力、竞争力和全要素生产率，加快实现由农业大国向农业强国转变。

（一）夯实农业生产能力基础。深入实施藏粮于地、藏粮于技战略，严守耕地红线，确保国家粮食安全，把中国人的饭碗牢牢端在自己手中。全面落实永久基本农田特殊保护制度，加快划定和建设粮食生产功能区、重要农产品生产保护区，完善支持政策。大规模推进农村土地整治和高标准农田建设，稳步提升耕地质量，强化监督考核和地方政府责任。加强农田水利建设，提高抗旱防洪除涝能力。实施国家农业节水行动，加快灌区续建配套与现代化改造，推进小型农田水利设施达标提质，建设一批重大高效节水灌溉工程。加快建设国家农业科技创新体系，加强面向全行业的科技创新基地

建设。深化农业科技成果转化和推广应用改革。加快发展现代农作物、畜禽、水产、林木种业，提升自主创新能力。高标准建设国家南繁育种基地。推进我国农机装备产业转型升级，加强科研机构、设备制造企业联合攻关，进一步提高大宗农作物机械国产化水平，加快研发经济作物、养殖业、丘陵山区农林机械，发展高端农机装备制造。优化农业从业者结构，加快建设知识型、技能型、创新型农业经营者队伍。大力发展数字农业，实施智慧农业林业水利工程，推进物联网试验示范和遥感技术应用。

（二）实施质量兴农战略。制定和实施国家质量兴农战略规划，建立健全质量兴农评价体系、政策体系、工作体系和考核体系。深入推进农业绿色化、优质化、特色化、品牌化，调整优化农业生产力布局，推动农业由增产导向转向提质导向。推进特色农产品优势区创建，建设现代农业产业园、农业科技园。实施产业兴村强县行动，推行标准化生产，培育农产品品牌，保护地理标志农产品，打造一村一品、一县一业发展新格局。加快发展现代高效林业，实施兴林富民行动，推进森林生态标志产品建设工程。加强植物病虫害、动物疫病防控体系建设。优化养殖业空间布局，大力发展绿色生态健康养殖，做大做强民族奶业。统筹海洋渔业资源开发，科学布局近远海养殖和远洋渔业，建设现代化海洋牧场。建立产学研融合的农业科技创新联盟，加强农业绿色生态、提质增效技术研发应用。切实发挥农垦在质量兴农中的带动引领作用。实施食品安全战略，完善农产品质量和食品安全标准体系，加强农业投入品和农产品质量安全追溯体系建设，健全农产品质量和食品安全监管体制，重点提高基层监管能力。

（三）构建农村一二三产业融合发展体系。大力开发农业多种功能，延长产业链、提升价值链、完善利益链，通过保底分红、股份合作、利润返还等多种形式，让农民合理分享全产业链增值收益。实施农产品加工业提升行动，鼓励企业兼并重组，淘汰落后产能，支持主产区农产品就地加工转化增值。重点解决农产品销售中的突出问题，加强农产品产后分级、包装、营销，建设现代化农产品冷链仓储物流体系，打造农产品销售公共服务平台，支持供销、邮政及各类企业把服务网点延伸到乡村，健全农产品产销稳定衔接机制，大力建设具有广泛性的促进农村电子商务发展的基础设施，鼓励支持各类市场主体创新发展基于互联网的新型农业产业模式，深入实施电子商务进农村综合示范，加快推进农村流通现代化。实施休闲农业和乡村旅游精品工程，建设一批设施完备、功能多样的休闲观光园区、森林人家、康养基地、乡村民宿、特色小镇。对利用闲置农房发展民宿、养老等项目，研究出台消防、特种行业经营等领域便利市场准入、加强事中事后监管的管理办法。发展乡村共享经济、创意农业、特色文化产业。

（四）构建农业对外开放新格局。优化资源配置，着力节本增效，提高我国农产品国际竞争力。实施特色优势农产品出口提升行动，扩大高附加值农产品出口。建立健全我国农业贸易政策体系。深化与“一带一路”沿线国家和地区农产品贸易关系。积极支持农业走出去，培育具有国际竞争力的大粮商和农业企业集团。积极参与全球粮食安全治理和农业贸易规则制定，促进形成更加公平合理的农业国际贸易秩序。进一步加大农产品反走私综合治理力度。

（五）促进小农户和现代农业发展有机衔接。统筹兼顾培育新型农业经营主体和扶持小农户，采取有针对性的措施，把小农生产引入现代农业发展轨道。培育各类专业化市场化服务组织，推进农业生产全程社会化服务，帮助小农户节本增效。发展多样化的联合与合作，提升小农户组织化程度。注重发挥新型农业经营主体带动作用，打造区域公用品牌，开展农超对接、农社对接，帮助小农户对接市场。扶持小农户发展生态农业、设施农业、体验农业、定制农业，提高产品档次和附加值，拓展增收空间。改善小农户生产设施条件，提升小农户抗风险能力。研究制定扶持小农生产的政策意见。

四、推进乡村绿色发展，打造人与自然和谐共生发展新格局

乡村振兴，生态宜居是关键。良好生态环境是农村最大优势和宝贵财富。必须尊重自然、顺应自然、保护自然，推动乡村自然资本加快增值，实现

百姓富、生态美的统一。

（一）统筹山水林田湖草系统治理。把山水林田湖草作为一个生命共同体，进行统一保护、统一修复。实施重要生态系统保护和修复工程。健全耕地草原森林河流湖泊休养生息制度，分类有序退出超载的边际产能。扩大耕地轮作休耕制度试点。科学划定江河湖海限捕、禁捕区域，健全水生生态保护修复制度。实行水资源消耗总量和强度双控行动。开展河湖水系连通和农村河塘清淤整治，全面推行河长制、湖长制。加大农业水价综合改革工作力度。开展国土绿化行动，推进荒漠化、石漠化、水土流失综合治理。强化湿地保护和恢复，继续开展退耕还湿。完善天然林保护制度，把所有天然林都纳入保护范围。扩大退耕还林还草、退牧还草，建立成果巩固长效机制。继续实施三北防护林体系建设等林业重点工程，实施森林质量精准提升工程。继续实施草原生态保护补助奖励政策。实施生物多样性保护重大工程，有效防范外来生物入侵。

（二）加强农村突出环境问题综合治理。加强农业面源污染防治，开展农业绿色发展行动，实现投入品减量化、生产清洁化、废弃物资源化、产业模式生态化。推进有机肥替代化肥、畜禽粪污处理、农作物秸秆综合利用、废弃农膜回收、病虫害绿色防控。加强农村水环境治理和农村饮用水水源保护，实施农村生态清洁小流域建设。扩大华北地下水超采区综合治理范围。推进重金属污染耕地防控和修复，开展土壤污染治理与修复技术应用试点，加大东北黑土地保护力度。实施流域环境和近岸海域综合治理。严禁工业和城镇污染向农业农村转移。加强农村环境监管能力建设，落实县乡两级农村环境保护主体责任。

（三）建立市场化多元化生态补偿机制。落实农业功能区制度，加大重点生态功能区转移支付力度，完善生态保护成效与资金分配挂钩的激励约束机制。鼓励地方在重点生态区位推行商品林赎买制度。健全地区间、流域上下游之间横向生态保护补偿机制，探索建立生态产品购买、森林碳汇等市场化补偿制度。建立长江流域重点水域禁捕补偿制度。推行生态建设和保护以工代赈做法,提供更多生态公益岗位。

(四)增加农业生态产品和服务供给。正确处理开发与保护的关系,运用现代科技和管理手段,将乡村生态优势转化为发展生态经济的优势,提供更多更好的绿色生态产品和服务,促进生态和经济良性循环。加快发展森林草原旅游、河湖湿地观光、冰雪海上运动、野生动物驯养观赏等产业,积极开发观光农业、游憩休闲、健康养生、生态教育等服务。创建一批特色生态旅游示范村镇和精品线路,打造绿色生态环保的乡村生态旅游产业链。

五、繁荣兴盛农村文化,焕发乡风文明新气象

乡村振兴,乡风文明是保障。必须坚持物质文明和精神文明一起抓,提升农民精神风貌,培育文明乡风、良好家风、淳朴民风,不断提高乡村社会文明程度。

(一)加强农村思想道德建设。以社会主义核心价值观为引领,坚持教育引导、实践养成、制度保障三管齐下,采取符合农村特点的有效方式,深化中国特色社会主义和中国梦宣传教育,大力弘扬民族精神和时代精神。加强爱国主义、集体主义、社会主义教育,深化民族团结进步教育,加强农村思想文化阵地建设。深入实施公民道德建设工程,挖掘农村传统道德教育资源,推进社会公德、职业道德、家庭美德、个人品德建设。推进诚信建设,强化农民的社会责任意识、规则意识、集体意识、主人翁意识。

(二)传承发展提升农村优秀传统文化。立足乡村文明,吸取城市文明及外来文化优秀成果,在保护传承的基础上,创造性转化、创新性发展,不断赋予时代内涵、丰富表现形式。切实保护好优秀农耕文化遗产,推动优秀农耕文化遗产合理适度利用。深入挖掘农耕文化蕴含的优秀思想观念、人文精神、道德规范,充分发挥其在凝聚人心、教化群众、淳化民风中的重要作用。划定乡村建设的历史文化保护线,保护好文物古迹、传统村落、民族村寨、传统建筑、农业遗迹、灌溉工程遗产。支持农村地区优秀戏曲曲艺、少数民族文化、民间文化等传承发展。

（三）加强农村公共文化建设。按照有标准、有网络、有内容、有人才的要求，健全乡村公共文化服务体系。发挥县级公共文化机构辐射作用，推进基层综合性文化服务中心建设，实现乡村两级公共文化服务全覆盖，提升服务效能。深入推进文化惠民，公共文化资源要重点向乡村倾斜，提供更多更好的农村公共文化产品和服务。支持"三农"题材文艺创作生产，鼓励文艺工作者不断推出反映农民生产生活尤其是乡村振兴实践的优秀文艺作品，充分展示新时代农村农民的精神面貌。培育挖掘乡土文化本土人才，开展文化结对帮扶，引导社会各界人士投身乡村文化建设。活跃繁荣农村文化市场，丰富农村文化业态，加强农村文化市场监管。

（四）开展移风易俗行动。广泛开展文明村镇、星级文明户、文明家庭等群众性精神文明创建活动。遏制大操大办、厚葬薄养、人情攀比等陈规陋习。加强无神论宣传教育，丰富农民群众精神文化生活，抵制封建迷信活动。深化农村殡葬改革。加强农村科普工作，提高农民科学文化素养。

六、加强农村基层基础工作，构建乡村治理新体系

乡村振兴，治理有效是基础。必须把夯实基层基础作为固本之策，建立健全党委领导、政府负责、社会协同、公众参与、法治保障的现代乡村社会治理体制，坚持自治、法治、德治相结合，确保乡村社会充满活力、和谐有序。

（一）加强农村基层党组织建设。扎实推进抓党建促乡村振兴，突出政治功能，提升组织力，抓乡促村，把农村基层党组织建成坚强战斗堡垒。强化农村基层党组织领导核心地位，创新组织设置和活动方式，持续整顿软弱涣散村党组织，稳妥有序开展不合格党员处置工作，着力引导农村党员发挥先锋模范作用。建立选派第一书记工作长效机制，全面向贫困村、软弱涣散村和集体经济薄弱村党组织派出第一书记。实施农村带头人队伍整体优化提升行动，注重吸引高校毕业生、农民工、机关企事业单位优秀党员干部到村任职，选优配强村党组织书记。健全从优秀村党组织书记中选拔乡镇领导干部、考录乡镇机关公务员、招聘乡镇事业编制人员制度。加大在优秀青

年农民中发展党员力度。建立农村党员定期培训制度。全面落实村级组织运转经费保障政策。推行村级小微权力清单制度,加大基层小微权力腐败惩处力度。严厉整治惠农补贴、集体资产管理、土地征收等领域侵害农民利益的不正之风和腐败问题。

(二)深化村民自治实践。坚持自治为基,加强农村群众性自治组织建设,健全和创新村党组织领导的充满活力的村民自治机制。推动村党组织书记通过选举担任村委会主任。发挥自治章程、村规民约的积极作用。全面建立健全村务监督委员会,推行村级事务阳光工程。依托村民会议、村民代表会议、村民议事会、村民理事会、村民监事会等,形成民事民议、民事民办、民事民管的多层次基层协商格局。积极发挥新乡贤作用。推动乡村治理重心下移,尽可能把资源、服务、管理下放到基层。继续开展以村民小组或自然村为基本单元的村民自治试点工作。加强农村社区治理创新。创新基层管理体制机制,整合优化公共服务和行政审批职责,打造"一门式办理"、"一站式服务"的综合服务平台。在村庄普遍建立网上服务站点,逐步形成完善的乡村便民服务体系。大力培育服务性、公益性、互助性农村社会组织,积极发展农村社会工作和志愿服务。集中清理上级对村级组织考核评比多、创建达标多、检查督查多等突出问题。维护村民委员会、农村集体经济组织、农村合作经济组织的特别法人地位和权利。

(三)建设法治乡村。坚持法治为本,树立依法治理理念,强化法律在维护农民权益、规范市场运行、农业支持保护、生态环境治理、化解农村社会矛盾等方面的权威地位。增强基层干部法治观念、法治为民意识,将政府涉农各项工作纳入法治化轨道。深入推进综合行政执法改革向基层延伸,创新监管方式,推动执法队伍整合、执法力量下沉,提高执法能力和水平。建立健全乡村调解、县市仲裁、司法保障的农村土地承包经营纠纷调处机制。加大农村普法力度,提高农民法治素养,引导广大农民增强尊法学法守法用法意识。健全农村公共法律服务体系,加强对农民的法律援助和司法救助。

(四)提升乡村德治水平。深入挖掘乡村熟人社会蕴含的道德规范,结合时代要求进行创新，强化道德教化作用，引导农民向上向善、孝老爱亲、重义守信、勤俭持家。建立道德激励约束机制，引导农民自我管理、自我教育、自我服务、自我提高，实现家庭和睦、邻里和谐、干群融洽。广泛开展好媳妇、好儿女、好公婆等评选表彰活动，开展寻找最美乡村教师、医生、村官、家庭等活动。深入宣传道德模范、身边好人的典型事迹，弘扬真善美，传播正能量。

（五）建设平安乡村。健全落实社会治安综合治理领导责任制，大力推进农村社会治安防控体系建设，推动社会治安防控力量下沉。深入开展扫黑除恶专项斗争，严厉打击农村黑恶势力、宗族恶势力，严厉打击黄赌毒盗拐骗等违法犯罪。依法加大对农村非法宗教活动和境外渗透活动打击力度，依法制止利用宗教干预农村公共事务，继续整治农村乱建庙宇、滥塑宗教造像。完善县乡村三级综治中心功能和运行机制。健全农村公共安全体系，持续开展农村安全隐患治理。加强农村警务、消防、安全生产工作，坚决遏制重特大安全事故。探索以网格化管理为抓手、以现代信息技术为支撑，实现基层服务和管理精细化精准化。推进农村“雪亮工程”建设。

七、提高农村民生保障水平，塑造美丽乡村新风貌

乡村振兴，生活富裕是根本。要坚持人人尽责、人人享有，按照抓重点、补短板、强弱项的要求，围绕农民群众最关心最直接最现实的利益问题，一件事情接着一件事情办，一年接着一年干，把乡村建设成为幸福美丽新家园。

（一）优先发展农村教育事业。高度重视发展农村义务教育，推动建立以城带乡、整体推进、城乡一体、均衡发展的义务教育发展机制。全面改善薄弱学校基本办学条件，加强寄宿制学校建设。实施农村义务教育学生营养改善计划。发展农村学前教育。推进农村普及高中阶段教育，支持教育基础薄弱县普通高中建设，加强职业教育，逐步分类推进中等职业教育免除学杂费。健全学生资助制度，使绝大多数农村新增劳动力接受高中阶段教

育、更多接受高等教育。把农村需要的人群纳入特殊教育体系。以市县为单位，推动优质学校辐射农村薄弱学校常态化。统筹配置城乡师资，并向乡村倾斜，建好建强乡村教师队伍。

（二）促进农村劳动力转移就业和农民增收。健全覆盖城乡的公共就业服务体系，大规模开展职业技能培训，促进农民工多渠道转移就业，提高就业质量。深化户籍制度改革，促进有条件、有意愿、在城镇有稳定就业和住所的农业转移人口在城镇有序落户，依法平等享受城镇公共服务。加强扶持引导服务，实施乡村就业创业促进行动，大力发展文化、科技、旅游、生态等乡村特色产业，振兴传统工艺。培育一批家庭工场、手工作坊、乡村车间，鼓励在乡村地区兴办环境友好型企业，实现乡村经济多元化，提供更多就业岗位。拓宽农民增收渠道，鼓励农民勤劳守法致富，增加农村低收入者收入，扩大农村中等收入群体，保持农村居民收入增速快于城镇居民。

（三）推动农村基础设施提挡升级。继续把基础设施建设重点放在农村，加快农村公路、供水、供气、环保、电网、物流、信息、广播电视等基础设施建设，推动城乡基础设施互联互通。以示范县为载体全面推进“四好农村路”建设，加快实施通村组硬化路建设。加大成品油消费税转移支付资金用于农村公路养护力度。推进节水供水重大水利工程，实施农村饮水安全巩固提升工程。加快新一轮农村电网改造升级，制定农村通动力电规划，推进农村可再生能源开发利用。实施数字乡村战略，做好整体规划设计，加快农村地区宽带网络和第四代移动通信网络覆盖步伐，开发适应“三农”特点的信息技术、产品、应用和服务，推动远程医疗、远程教育等应用普及，弥合城乡数字鸿沟。提升气象为农服务能力。加强农村防灾减灾救灾能力建设。抓紧研究提出深化农村公共基础设施管护体制改革指导意见。

（四）加强农村社会保障体系建设。完善统一的城乡居民基本医疗保险制度和大病保险制度，做好农民重特大疾病救助工作。巩固城乡居民医保全国异地就医联网直接结算。完善城乡居民基本养老保险制度，建立城乡居民基本养老保险待遇确定和基础养老金标准正常调整机制。统筹城乡社会救助体系，完善最低生活保障制度，做好农村社会救助兜底工作。将进城落户农业转移人口全部纳入城镇住房保障体系。构建多层次农村养老保障体系，创新多元化照料服务模式。健全农村留守儿童和妇女、老年人以及困境儿童关爱服务体系。加强和改善农村残疾人服务。

（五）推进健康乡村建设。强化农村公共卫生服务，加强慢性病综合防控，大力推进农村地区精神卫生、职业病和重大传染病防治。完善基本公共卫生服务项目补助政策，加强基层医疗卫生服务体系建设，支持乡镇卫生院和村卫生室改善条件。加强乡村中医药服务。开展和规范家庭医生签约服务，加强妇幼、老人、残疾人等重点人群健康服务。倡导优生优育。深入开展乡村爱国卫生运动。

（六）持续改善农村人居环境。实施农村人居环境整治三年行动计划，以农村垃圾、污水治理和村容村貌提升为主攻方向，整合各种资源，强化各种举措，稳步有序推进农村人居环境突出问题治理。坚持不懈推进农村"厕所革命"，大力开展农村户用卫生厕所建设和改造，同步实施粪污治理，加快实现农村无害化卫生厕所全覆盖，努力补齐影响农民群众生活品质的短板。总结推广适用不同地区的农村污水治理模式，加强技术支撑和指导。深入推进农村环境综合整治。推进北方地区农村散煤替代，有条件的地方有序推进煤改气、煤改电和新能源利用。逐步建立农村低收入群体安全住房保障机制。强化新建农房规划管控，加强"空心村"服务管理和改造。保护保留乡村风貌，开展田园建筑示范，培养乡村传统建筑名匠。实施乡村绿化行动，全面保护古树名木。持续推进宜居宜业的美丽乡村建设。

八、打好精准脱贫攻坚战，增强贫困群众获得感

乡村振兴，摆脱贫困是前提。必须坚持精准扶贫、精准脱贫，把提高脱贫质量放在首位，既不降低扶贫标准，也不吊高胃口，采取更加有力的举措、更加集中的支持、更加精细的工作，坚决打好精准脱贫这场对全面建成小康社会具有决定性意义的攻坚战。

（一）瞄准贫困人口精准帮扶。对有劳动能力的贫困人口，强化产业和就业扶持，着力做好产销衔接、劳务对接，实现稳定脱贫。有序推进易地扶贫搬迁，让搬迁群众搬得出、稳得住、能致富。对完全或部分丧失劳动能力的特殊贫困人口，综合实施保障性扶贫政策，确保病有所医、残有所助、生活有兜底。做好农村最低生活保障工作的动态化精细化管理，把符合条件的贫困人口全部纳入保障范围。

（二）聚焦深度贫困地区集中发力。全面改善贫困地区生产生活条件，确保实现贫困地区基本公共服务主要指标接近全国平均水平。以解决突出制约问题为重点，以重大扶贫工程和到村到户帮扶为抓手，加大政策倾斜和扶贫资金整合力度，着力改善深度贫困地区发展条件，增强贫困农户发展能力，重点攻克深度贫困地区脱贫任务。新增脱贫攻坚资金项目主要投向深度贫困地区，增加金融投入对深度贫困地区的支持，新增建设用地指标优先保障深度贫困地区发展用地需要。

（三）激发贫困人口内生动力。把扶贫同扶志、扶智结合起来，把救急纾困和内生脱贫结合起来，提升贫困群众发展生产和务工经商的基本技能，实现可持续稳固脱贫。引导贫困群众克服等靠要思想，逐步消除精神贫困。要打破贫困均衡，促进形成自强自立、争先脱贫的精神风貌。改进帮扶方式方法，更多采用生产奖补、劳务补助、以工代赈等机制，推动贫困群众通过自己的辛勤劳动脱贫致富。

（四）强化脱贫攻坚责任和监督。坚持中央统筹省负总责市县抓落实的工作机制，强化党政一把手负总责的责任制。强化县级党委作为全县脱贫攻坚总指挥部的关键作用，脱贫攻坚期内贫困县县级党政正职要保持稳定。开展扶贫领域腐败和作风问题专项治理，切实加强扶贫资金管理，对挪用和贪污扶贫款项的行为严惩不贷。将 2018 年作为脱贫攻坚作风建设年，集中力量解决突出作风问题。科学确定脱贫摘帽时间，对弄虚作假、搞数字脱贫的严肃查处。完善扶贫督查巡查、考核评估办法，除党中央、国务院统一部署外，各部门一律不准再组织其他检查考评。严格控制各地开展增加一线扶贫干部负担的各类检查考评，切实给基层减轻工作负担。关心爱护战斗在扶贫第一线的基层干部，制定激励政策，为他们工作生活排忧解难，保护和调动他们的工作积极性。做好实施乡村振兴战略与打好精准脱贫攻坚战的有机衔接。制定坚决打好精准脱贫攻坚战三年行动指导意见。研究提出持续减贫的意见。

九、推进体制机制创新，强化乡村振兴制度性供给

实施乡村振兴战略，必须把制度建设贯穿其中。要以完善产权制度和要素市场化配置为重点，激活主体、激活要素、激活市场，着力增强改革的系统性、整体性、协同性。

（一）巩固和完善农村基本经营制度。落实农村土地承包关系稳定并长久不变政策，衔接落实好第二轮土地承包到期后再延长30年的政策，让农民吃上长效“定心丸”。全面完成土地承包经营权确权登记颁证工作，实现承包土地信息联通共享。完善农村承包地“三权分置”制度，在依法保护集体土地所有权和农户承包权前提下，平等保护土地经营权。农村承包土地经营权可以依法向金融机构融资担保、入股从事农业产业化经营。实施新型农业经营主体培育工程，培育发展家庭农场、合作社、龙头企业、社会化服务组织和农业产业化联合体，发展多种形式适度规模经营。

（二）深化农村土地制度改革。系统总结农村土地征收、集体经营性建设用地入市、宅基地制度改革试点经验，逐步扩大试点，加快土地管理法修改，完善农村土地利用管理政策体系。扎实推进房地一体的农村集体建设用地和宅基地使用权确权登记颁证。完善农民闲置宅基地和闲置农房政策，探索宅基地所有权、资格权、使用权“三权分置”，落实宅基地集体所有权，保障宅基地农户资格权和农民房屋财产权，适度放活宅基地和农民房屋使用权，不得违规违法买卖宅基地，严格实行土地用途管制，严格禁止下乡利用农村宅基地建设别墅大院和私人会馆。在符合土地利用总体规划前提下，允许县级政府通过村土地利用规划，调整优化村庄用地布局，有效利用

农村零星分散的存量建设用地；预留部分规划建设用地指标用于单独选址的农业设施和休闲旅游设施等建设。对利用收储农村闲置建设用地发展农村新产业新业态的，给予新增建设用地指标奖励。进一步完善设施农用地政策。

（三）深入推进农村集体产权制度改革。全面开展农村集体资产清产核资、集体成员身份确认，加快推进集体经营性资产股份合作制改革。推动资源变资产、资金变股金、农民变股东，探索农村集体经济新的实现形式和运行机制。坚持农村集体产权制度改革正确方向，发挥村党组织对集体经济组织的领导核心作用，防止内部少数人控制和外部资本侵占集体资产。维护进城落户农民土地承包权、宅基地使用权、集体收益分配权，引导进城落户农民依法自愿有偿转让上述权益。研究制定农村集体经济组织法，充实农村集体产权权能。全面深化供销合作社综合改革，深入推进集体林权、水利设施产权等领域改革，做好农村综合改革、农村改革试验区等工作。

（四）完善农业支持保护制度。以提升农业质量效益和竞争力为目标，强化绿色生态导向，创新完善政策工具和手段，扩大"绿箱"政策的实施范围和规模，加快建立新型农业支持保护政策体系。深化农产品收储制度和价格形成机制改革，加快培育多元市场购销主体，改革完善中央储备粮管理体制。通过完善拍卖机制、定向销售、包干销售等，加快消化政策性粮食库存。落实和完善对农民直接补贴制度，提高补贴效能。健全粮食主产区利益补偿机制。探索开展稻谷、小麦、玉米三大粮食作物完全成本保险和收入保险试点，加快建立多层次农业保险体系。

十、汇聚全社会力量，强化乡村振兴人才支撑

实施乡村振兴战略，必须破解人才瓶颈制约。要把人力资本开发放在首要位置，畅通智力、技术、管理下乡通道，造就更多乡土人才，聚天下人才而用之。

（一）大力培育新型职业农民。全面建立职业农民制度，完善配套政策

体系。实施新型职业农民培育工程。支持新型职业农民通过弹性学制参加中高等农业职业教育。创新培训机制，支持农民专业合作社、专业技术协会、龙头企业等主体承担培训。引导符合条件的新型职业农民参加城镇职工养老、医疗等社会保障制度。鼓励各地开展职业农民职称评定试点。

（二）加强农村专业人才队伍建设。建立县域专业人才统筹使用制度，提高农村专业人才服务保障能力。推动人才管理职能部门简政放权，保障和落实基层用人主体自主权。推行乡村教师“县管校聘”。实施好边远贫困地区、边疆民族地区和革命老区人才支持计划，继续实施“三支一扶”、特岗教师计划等，组织实施高校毕业生基层成长计划。支持地方高等学校、职业院校综合利用教育培训资源，灵活设置专业（方向），创新人才培养模式，为乡村振兴培养专业化人才。扶持培养一批农业职业经理人、经纪人、乡村工匠、文化能人、非遗传承人等。

（三）发挥科技人才支撑作用。全面建立高等院校、科研院所等事业单位专业技术人员到乡村和企业挂职、兼职和离岗创新创业制度，保障其在职称评定、工资福利、社会保障等方面的权益。深入实施农业科研杰出人才计划和杰出青年农业科学家项目。健全种业等领域科研人员以知识产权明晰为基础、以知识价值为导向的分配政策。探索公益性和经营性农技推广融合发展机制，允许农技人员通过提供增值服务合理取酬。全面实施农技推广服务特聘计划。

（四）鼓励社会各界投身乡村建设。建立有效激励机制，以乡情乡愁为纽带，吸引支持企业家、党政干部、专家学者、医生教师、规划师、建筑师、律师、技能人才等，通过下乡担任志愿者、投资兴业、包村包项目、行医办学、捐资捐物、法律服务等方式服务乡村振兴事业。研究制定管理办法，允许符合要求的公职人员回乡任职。吸引更多人才投身现代农业，培养造就新农民。加快制定鼓励引导工商资本参与乡村振兴的指导意见，落实和完善融资贷款、配套设施建设补助、税费减免、用地等扶持政策，明确政策边界，保护好农民利益。发挥工会、共青团、妇联、科协、残联等群团组织的优势和力量，发挥各民主党派、工商联、无党派人士等积极作用，支持农村产业发展、生态环境保护、乡风文明建设、农村弱势群体关爱等。实施乡村振兴“巾帼行动”。加强对下乡组织和人员的管理服务，使之成为乡村振兴的建设性力量。

（五）创新乡村人才培育引进使用机制。建立自主培养与人才引进相结合，学历教育、技能培训、实践锻炼等多种方式并举的人力资源开发机制。建立城乡、区域、校地之间人才培养合作与交流机制。全面建立城市医生教师、科技文化人员等定期服务乡村机制。研究制定鼓励城市专业人才参与乡村振兴的政策。

十一、开拓投融资渠道，强化乡村振兴投入保障

实施乡村振兴战略，必须解决钱从哪里来的问题。要健全投入保障制度，创新投融资机制，加快形成财政优先保障、金融重点倾斜、社会积极参与的多元投入格局，确保投入力度不断增强、总量持续增加。

（一）确保财政投入持续增长。建立健全实施乡村振兴战略财政投入保障制度，公共财政更大力度向“三农”倾斜，确保财政投入与乡村振兴目标任务相适应。优化财政供给结构，推进行业内资金整合与行业间资金统筹相互衔接配合，增加地方自主统筹空间，加快建立涉农资金统筹整合长效机制。充分发挥财政资金的引导作用，撬动金融和社会资本更多投向乡村振兴。切实发挥全国农业信贷担保体系作用，通过财政担保费率补助和以奖代补等，加大对新型农业经营主体支持力度。加快设立国家融资担保基金，强化担保融资增信功能，引导更多金融资源支持乡村振兴。支持地方政府发行一般债券用于支持乡村振兴、脱贫攻坚领域的公益性项目。稳步推进地方政府专项债券管理改革，鼓励地方政府试点发行项目融资和收益自平衡的专项债券，支持符合条件、有一定收益的乡村公益性项目建设。规范地方政府举债融资行为，不得借乡村振兴之名违法违规变相举债。

（二）拓宽资金筹集渠道。调整完善土地出让收入使用范围，进一步提

高农业农村投入比例。严格控制未利用地开垦，集中力量推进高标准农田建设。改进耕地占补平衡管理办法，建立高标准农田建设等新增耕地指标和城乡建设用地增减挂钩节余指标跨省域调剂机制，将所得收益通过支出预算全部用于巩固脱贫攻坚成果和支持实施乡村振兴战略。推广一事一议、以奖代补等方式，鼓励农民对直接受益的乡村基础设施建设投工投劳，让农民更多参与建设管护。

（三）提高金融服务水平。坚持农村金融改革发展的正确方向，健全适合农业农村特点的农村金融体系，推动农村金融机构回归本源，把更多金融资源配置到农村经济社会发展的重点领域和薄弱环节，更好满足乡村振兴多样化金融需求。要强化金融服务方式创新，防止脱实向虚倾向，严格管控风险，提高金融服务乡村振兴能力和水平。抓紧出台金融服务乡村振兴的指导意见。加大中国农业银行、中国邮政储蓄银行“三农”金融事业部对乡村振兴支持力度。明确国家开发银行、中国农业发展银行在乡村振兴中的职责定位，强化金融服务方式创新，加大对乡村振兴中长期信贷支持。推动农村信用社省联社改革，保持农村信用社县域法人地位和数量总体稳定，完善村镇银行准入条件，地方法人金融机构要服务好乡村振兴。普惠金融重点要放在乡村。推动出台非存款类放贷组织条例。制定金融机构服务乡村振兴考核评估办法。支持符合条件的涉农企业发行上市、新三板挂牌和融资、并购重组，深入推进农产品期货期权市场建设，稳步扩大“保险＋期货”试点，探索“订单农业＋保险＋期货（权）”试点。改进农村金融差异化监管体系，强化地方政府金融风险防范处置责任。

十二、坚持和完善党对“三农”工作的领导

实施乡村振兴战略是党和国家的重大决策部署，各级党委和政府要提高对实施乡村振兴战略重大意义的认识，真正把实施乡村振兴战略摆在优先位置，把党管农村工作的要求落到实处。

（一）完善党的农村工作领导体制机制。各级党委和政府要坚持工业农

业一起抓、城市农村一起抓，把农业农村优先发展原则体现到各个方面。健全党委统一领导、政府负责、党委农村工作部门统筹协调的农村工作领导体制。建立实施乡村振兴战略领导责任制，实行中央统筹省负总责市县抓落实的工作机制。党政一把手是第一责任人，五级书记抓乡村振兴。县委书记要下大气力抓好“三农”工作，当好乡村振兴“一线总指挥”。各部门要按照职责，加强工作指导，强化资源要素支持和制度供给，做好协同配合，形成乡村振兴工作合力。切实加强各级党委农村工作部门建设，按照《中国共产党工作机关条例（试行）》有关规定，做好党的农村工作机构设置和人员配置工作，充分发挥决策参谋、统筹协调、政策指导、推动落实、督导检查等职能。各省（自治区、直辖市）党委和政府每年要向党中央、国务院报告推进实施乡村振兴战略进展情况。建立市县党政领导班子和领导干部推进乡村振兴战略的实绩考核制度，将考核结果作为选拔任用领导干部的重要依据。

（二）研究制定中国共产党农村工作条例。根据坚持党对一切工作的领导的要求和新时代“三农”工作新形势新任务新要求，研究制定中国共产党农村工作条例，把党领导农村工作的传统、要求、政策等以党内法规形式确定下来，明确加强对农村工作领导的指导思想、原则要求、工作范围和对象、主要任务、机构职责、队伍建设等，完善领导体制和工作机制，确保乡村振兴战略有效实施。

（三）加强“三农”工作队伍建设。把懂农业、爱农村、爱农民作为基本要求，加强“三农”工作干部队伍培养、配备、管理、使用。各级党委和政府主要领导干部要懂“三农”工作、会抓“三农”工作，分管领导要真正成为“三农”工作行家里手。制定并实施培训计划，全面提升“三农”干部队伍能力和水平。拓宽县级“三农”工作部门和乡镇干部来源渠道。把到农村一线工作锻炼作为培养干部的重要途径，注重提拔使用实绩优秀的干部，形成人才向农村基层一线流动的用人导向。

（四）强化乡村振兴规划引领。制定国家乡村振兴战略规划（2018—2022 年），分别明确至 2020 年全面建成小康社会和 2022 年召开党的二十大时的目标任务，细化实化工作重点和政策措施，部署若干重大工程、重大计划、重大行动。各地区各部门要编制乡村振兴地方规划和专项规划或方案。加强各类规划的统筹管理和系统衔接，形成城乡融合、区域一体、多规合一的规划体系。根据发展现状和需要分类有序推进乡村振兴，对具备条件的村庄，要加快推进城镇基础设施和公共服务向农村延伸；对自然历史文化资源丰富的村庄，要统筹兼顾保护与发展；对生存条件恶劣、生态环境脆弱的村庄，要加大力度实施生态移民搬迁。

（五）强化乡村振兴法治保障。抓紧研究制定乡村振兴法的有关工作，把行之有效的乡村振兴政策法定化，充分发挥立法在乡村振兴中的保障和推动作用。及时修改和废止不适应的法律法规。推进粮食安全保障立法。各地可以从本地乡村发展实际需要出发，制定促进乡村振兴的地方性法规、地方政府规章。加强乡村统计工作和数据开发应用。

（六）营造乡村振兴良好氛围。凝聚全党全国全社会振兴乡村强大合力，宣传党的乡村振兴方针政策和各地丰富实践，振奋基层干部群众精神。建立乡村振兴专家决策咨询制度，组织智库加强理论研究。促进乡村振兴国际交流合作，讲好乡村振兴中国故事，为世界贡献中国智慧和中国方案。

让我们更加紧密地团结在以习近平同志为核心的党中央周围，高举中国特色社会主义伟大旗帜，以习近平新时代中国特色社会主义思想为指导，迎难而上、埋头苦干、开拓进取，为决胜全面建成小康社会、夺取新时代中国特色社会主义伟大胜利作出新的贡献！

Appendix 2

附录 2

中共中央 国务院关于实现巩固拓展脱贫攻坚成果同乡村振兴有效衔接的意见

中共中央 国务院关于实现巩固拓展脱贫攻坚成果同乡村振兴有效衔接的意见

（2020 年 12 月 16 日）

打赢脱贫攻坚战、全面建成小康社会后，要进一步巩固拓展脱贫攻坚成果，接续推动脱贫地区发展和乡村全面振兴。为实现巩固拓展脱贫攻坚成果同乡村振兴有效衔接，现提出如下意见。

一、重大意义

党的十八大以来，以习近平同志为核心的党中央把脱贫攻坚摆在治国理政的突出位置，作为实现第一个百年奋斗目标的重点任务，纳入“五位一体”总体布局和“四个全面”战略布局，作出一系列重大部署和安排，全面打响脱贫攻坚战，困扰中华民族几千年的绝对贫困问题即将历史性地得到解决，脱贫攻坚成果举世瞩目。到 2020 年我国现行标准下农村贫困人口全部实现脱贫、贫困县全部摘帽、区域性整体贫困得到解决。“两不愁”质量水平明显提升，“三保障”突出问题彻底消除。贫困人口收入水平大幅度提高，自主脱贫能力稳步增强。贫困地区生产生活条件明显改善，经济社会发展明显加快。脱贫攻坚取得全面胜利，提前 10 年实现《联合国 2030 年可持续发展议程》减贫目标，实现了全面小康路上一个都不掉队，在促进全体人民共同富裕的道路上迈出了坚实一步。完成脱贫攻坚这一伟大事业，不仅在中华民族发展史上具有重要里程碑意义，更是中国人民对人类文明和全球反贫困事业的重大贡献。

脱贫攻坚的伟大实践，充分展现了我们党领导亿万人民坚持和发展中国特色社会主义创造的伟大奇迹，充分彰显了中国共产党领导和我国社会主义制度的政治优势。脱贫攻坚的伟大成就，极大增强了全党全国人民的凝聚力和向心力，极大增强了全党全国人民的道路自信、理论自信、制度自信、文化自信。

这些成就的取得，归功于以习近平同志为核心的党中央坚强领导，习近平总书记亲自谋划、亲自挂帅、亲自督战，推动实施精准扶贫精准脱贫基本方略；归功于全党全社会众志成城、共同努力，中央统筹、省负总责、市县抓落实，省市县乡村五级书记抓扶贫，构建起专项扶贫、行业扶贫、社会扶贫互为补充的大扶贫格局；归功于广大干部群众辛勤工作和不懈努力，数百万干部战斗在扶贫一线，亿万贫困群众依靠自己的双手和智慧摆脱贫困；归功于行之有效的政策体系、制度体系和工作体系，脱贫攻坚政策体系覆盖面广、含金量高，脱贫攻坚制度体系完备、上下贯通，脱贫攻坚工作体系目标明确、执行力强，为打赢脱贫攻坚战提供了坚强支撑，为全面推进乡村振兴提供了宝贵经验。

脱贫摘帽不是终点，而是新生活、新奋斗的起点。打赢脱贫攻坚战、全面建成小康社会后，要在巩固拓展脱贫攻坚成果的基础上，做好乡村振兴这篇大文章，接续推进脱贫地区发展和群众生活改善。做好巩固拓展脱贫攻坚成果同乡村振兴有效衔接，关系到构建以国内大循环为主体、国内国际双循环相互促进的新发展格局，关系到全面建设社会主义现代化国家全局和实现第二个百年奋斗目标。全党务必站在践行初心使命、坚守社会主义本质要求的政治高度，充分认识实现巩固拓展脱贫攻坚成果同乡村振兴有效衔接的重要性、紧迫性，举全党全国之力，统筹安排、强力推进，让包括脱贫群众在内的广大人民过上更加美好的生活，朝着逐步实现全体人民共同富裕的目标继续前进，彰显党的根本宗旨和我国社会主义制度优势。

二、总体要求

（一）指导思想。以习近平新时代中国特色社会主义思想为指导，深入贯彻党的十九大和十九届二中、三中、四中、五中全会精神，坚定不移贯彻新发展理念，坚持稳中求进工作总基调，坚持以人民为中心的发展思想，坚持共同富裕方向，将巩固拓展脱贫攻坚成果放在突出位置，建立农村低收入人口和欠发达地区帮扶机制，健全乡村振兴领导体制和工作体系，加快推进脱贫地区乡村产业、人才、文化、生态、组织等全面振兴，为全面建设社会主义现代化国家开好局、起好步奠定坚实基础。

（二）基本思路和目标任务。脱贫攻坚目标任务完成后，设立5年过渡期。脱贫地区要根据形势变化，理清工作思路，做好过渡期内领导体制、工作体系、发展规划、政策举措、考核机制等有效衔接，从解决建档立卡贫困人口“两不愁三保障”为重点转向实现乡村产业兴旺、生态宜居、乡风文明、治理有效、生活富裕，从集中资源支持脱贫攻坚转向巩固拓展脱贫攻坚成果和全面推进乡村振兴。到2025年，脱贫攻坚成果巩固拓展，乡村振兴全面推进，脱贫地区经济活力和发展后劲明显增强，乡村产业质量效益和竞争力进一步提高，农村基础设施和基本公共服务水平进一步提升，生态环境持续改善，美丽宜居乡村建设扎实推进，乡风文明建设取得显著进展，农村基层组织建设不断加强，农村低收入人口分类帮扶长效机制逐步完善，脱贫地区农民收入增速高于全国农民平均水平。到2035年，脱贫地区经济实力显著增强，乡村振兴取得重大进展，农村低收入人口生活水平显著提高，城乡差距进一步缩小，在促进全体人民共同富裕上取得更为明显的实质性进展。

（三）主要原则

——坚持党的全面领导。坚持中央统筹、省负总责、市县乡抓落实的工作机制，充分发挥各级党委总揽全局、协调各方的领导作用，省市县乡村五级书记抓巩固拓展脱贫攻坚成果和乡村振兴。总结脱贫攻坚经验，发挥脱贫攻坚体制机制作用。

——坚持有序调整、平稳过渡。过渡期内在巩固拓展脱贫攻坚成果上下更大功夫、想更多办法、给予更多后续帮扶支持，对脱贫县、脱贫村、脱贫人口扶上马送一程，确保脱贫群众不返贫。在主要帮扶政策保持总体稳定的基础上，分类优化调整，合理把握调整节奏、力度和时限，增强脱贫稳定性。

——坚持群众主体、激发内生动力。坚持扶志扶智相结合，防止政策养懒汉和泛福利化倾向，发挥奋进致富典型示范引领作用，激励有劳动能力的低收入人口勤劳致富。

——坚持政府推动引导、社会市场协同发力。坚持行政推动与市场机制有机结合，发挥集中力量办大事的优势，广泛动员社会力量参与，形成巩固拓展脱贫攻坚成果、全面推进乡村振兴的强大合力。

三、建立健全巩固拓展脱贫攻坚成果长效机制

（一）保持主要帮扶政策总体稳定。过渡期内严格落实“四个不摘”要求，摘帽不摘责任，防止松劲懈怠；摘帽不摘政策，防止急刹车；摘帽不摘帮扶，防止一撤了之；摘帽不摘监管，防止贫困反弹。现有帮扶政策该延续的延续、该优化的优化、该调整的调整，确保政策连续性。兜底救助类政策要继续保持稳定。落实好教育、医疗、住房、饮水等民生保障普惠性政策，并根据脱贫人口实际困难给予适度倾斜。优化产业就业等发展类政策。

（二）健全防止返贫动态监测和帮扶机制。对脱贫不稳定户、边缘易致贫户，以及因病因灾因意外事故等刚性支出较大或收入大幅缩减导致基本生活出现严重困难户，开展定期检查、动态管理，重点监测其收入支出状况、“两不愁三保障”及饮水安全状况，合理确定监测标准。建立健全易返贫致贫人口快速发现和响应机制，分层分类及时纳入帮扶政策范围，实行动态清零。健全防止返贫大数据监测平台，加强相关部门、单位数据共享和对接，充分利用先进技术手段提升监测准确性，以国家脱贫攻坚普查结果为依据，进一步完善基础数据库。建立农户主动申请、部门信息比对、基层干部定期跟踪回访相结合的易返贫致贫人口发现和核查机制，实施帮扶对象动态管理。坚持预防性措施和事后帮扶相结合，精准分析返贫致贫原因，采取有针对性的帮扶措施。

（三）巩固“两不愁三保障”成果。落实行业主管部门工作责任。健全控辍保学工作机制，确保除身体原因不具备学习条件外脱贫家庭义务教育阶

段适龄儿童少年不失学辍学。有效防范因病返贫致贫风险，落实分类资助参保政策，做好脱贫人口参保动员工作。建立农村脱贫人口住房安全动态监测机制，通过农村危房改造等多种方式保障低收入人口基本住房安全。巩固维护好已建农村供水工程成果，不断提升农村供水保障水平。

（四）做好易地扶贫搬迁后续扶持工作。聚焦原深度贫困地区、大型特大型安置区，从就业需要、产业发展和后续配套设施建设提升完善等方面加大扶持力度，完善后续扶持政策体系，持续巩固易地搬迁脱贫成果，确保搬迁群众稳得住、有就业、逐步能致富。提升安置区社区管理服务水平，建立关爱机制，促进社会融入。

（五）加强扶贫项目资产管理和监督。分类摸清各类扶贫项目形成的资产底数。公益性资产要落实管护主体，明确管护责任，确保继续发挥作用。经营性资产要明晰产权关系，防止资产流失和被侵占，资产收益重点用于项目运行管护、巩固拓展脱贫攻坚成果、村级公益事业等。确权到农户或其他经营主体的扶贫资产，依法维护其财产权利，由其自主管理和运营。

四、聚力做好脱贫地区巩固拓展脱贫攻坚成果同乡村振兴有效衔接重点工作

（六）支持脱贫地区乡村特色产业发展壮大。注重产业后续长期培育，尊重市场规律和产业发展规律，提高产业市场竞争力和抗风险能力。以脱贫县为单位规划发展乡村特色产业，实施特色种养业提升行动，完善全产业链支持措施。加快脱贫地区农产品和食品仓储保鲜、冷链物流设施建设，支持农产品流通企业、电商、批发市场与区域特色产业精准对接。现代农业产业园、科技园、产业融合发展示范园继续优先支持脱贫县。支持脱贫地区培育绿色食品、有机农产品、地理标志农产品，打造区域公用品牌。继续大力实施消费帮扶。

（七）促进脱贫人口稳定就业。搭建用工信息平台，培育区域劳务品牌，加大脱贫人口有组织劳务输出力度。支持脱贫地区在农村人居环境、小型

水利、乡村道路、农田整治、水土保持、产业园区、林业草原基础设施等涉农项目建设和管护时广泛采取以工代赈方式。延续支持扶贫车间的优惠政策。过渡期内逐步调整优化生态护林员政策。统筹用好乡村公益岗位，健全按需设岗、以岗聘任、在岗领补、有序退岗的管理机制，过渡期内逐步调整优化公益岗位政策。

（八）持续改善脱贫地区基础设施条件。继续加大对脱贫地区基础设施建设的支持力度，重点谋划建设一批高速公路、客货共线铁路、水利、电力、机场、通信网络等区域性和跨区域重大基础设施建设工程。按照实施乡村建设行动统一部署，支持脱贫地区因地制宜推进农村厕所革命、生活垃圾和污水治理、村容村貌提升。推进脱贫县"四好农村路"建设，推动交通项目更多向进村入户倾斜，因地制宜推进较大人口规模自然村（组）通硬化路，加强通村公路和村内主干道连接，加大农村产业路、旅游路建设力度。加强脱贫地区农村防洪、灌溉等中小型水利工程建设。统筹推进脱贫地区县乡村三级物流体系建设，实施"快递进村"工程。支持脱贫地区电网建设和乡村电气化提升工程实施。

（九）进一步提升脱贫地区公共服务水平。继续改善义务教育办学条件，加强乡村寄宿制学校和乡村小规模学校建设。加强脱贫地区职业院校（含技工院校）基础能力建设。继续实施家庭经济困难学生资助政策和农村义务教育学生营养改善计划。在脱贫地区普遍增加公费师范生培养供给，加强城乡教师合理流动和对口支援。过渡期内保持现有健康帮扶政策基本稳定，完善大病专项救治政策，优化高血压等主要慢病签约服务，调整完善县域内先诊疗后付费政策。继续开展三级医院对口帮扶并建立长效机制，持续提升县级医院诊疗能力。加大中央倾斜支持脱贫地区医疗卫生机构基础设施建设和设备配备力度，继续改善疾病预防控制机构条件。继续实施农村危房改造和地震高烈度设防地区农房抗震改造，逐步建立农村低收入人口住房安全保障长效机制。继续加强脱贫地区村级综合服务设施建设，提升为民服务能力和水平。

五、健全农村低收入人口常态化帮扶机制

（十）加强农村低收入人口监测。以现有社会保障体系为基础，对农村低保对象、农村特困人员、农村易返贫致贫人口，以及因病因灾因意外事故等刚性支出较大或收入大幅缩减导致基本生活出现严重困难人口等农村低收入人口开展动态监测。充分利用民政、扶贫、教育、人力资源社会保障、住房城乡建设、医疗保障等政府部门现有数据平台，加强数据比对和信息共享，完善基层主动发现机制。健全多部门联动的风险预警、研判和处置机制，实现对农村低收入人口风险点的早发现和早帮扶。完善农村低收入人口定期核查和动态调整机制。

（十一）分层分类实施社会救助。完善最低生活保障制度，科学认定农村低保对象，提高政策精准性。调整优化针对原建档立卡贫困户的低保"单人户"政策。完善低保家庭收入财产认定方法。健全低保标准制定和动态调整机制。加大低保标准制定省级统筹力度。鼓励有劳动能力的农村低保对象参与就业，在计算家庭收入时扣减必要的就业成本。完善农村特困人员救助供养制度，合理提高救助供养水平和服务质量。完善残疾儿童康复救助制度，提高救助服务质量。加强社会救助资源统筹，根据对象类型、困难程度等，及时有针对性地给予困难群众医疗、教育、住房、就业等专项救助，做到精准识别、应救尽救。对基本生活陷入暂时困难的群众加强临时救助，做到凡困必帮、有难必救。鼓励通过政府购买服务对社会救助家庭中生活不能自理的老年人、未成年人、残疾人等提供必要的访视、照料服务。

（十二）合理确定农村医疗保障待遇水平。坚持基本标准，统筹发挥基本医疗保险、大病保险、医疗救助三重保障制度综合梯次减负功能。完善城乡居民基本医疗保险参保个人缴费资助政策，继续全额资助农村特困人员，定额资助低保对象，过渡期内逐步调整脱贫人口资助政策。在逐步提高大病保障水平基础上，大病保险继续对低保对象、特困人员和返贫致贫人口进行倾斜支付。进一步夯实医疗救助托底保障，合理设定年度救助限额，合理

控制救助对象政策范围内自付费用比例。分阶段、分对象、分类别调整脱贫攻坚期超常规保障措施。重点加大医疗救助资金投入,倾斜支持乡村振兴重点帮扶县。

(十三)完善养老保障和儿童关爱服务。完善城乡居民基本养老保险费代缴政策,地方政府结合当地实际情况,按照最低缴费档次为参加城乡居民养老保险的低保对象、特困人员、返贫致贫人口、重度残疾人等缴费困难群体代缴部分或全部保费。在提高城乡居民养老保险缴费档次时,对上述困难群体和其他已脱贫人口可保留现行最低缴费档次。强化县乡两级养老机构对失能、部分失能特困老年人口的兜底保障。加大对孤儿、事实无人抚养儿童等保障力度。加强残疾人托养照护、康复服务。

(十四)织密兜牢丧失劳动能力人口基本生活保障底线。对脱贫人口中完全丧失劳动能力或部分丧失劳动能力且无法通过产业就业获得稳定收入的人口,要按规定纳入农村低保或特困人员救助供养范围,并按困难类型及时给予专项救助、临时救助等,做到应保尽保、应兜尽兜。

六、着力提升脱贫地区整体发展水平

(十五)在西部地区脱贫县中集中支持一批乡村振兴重点帮扶县。按照应减尽减原则,在西部地区处于边远或高海拔、自然环境相对恶劣、经济发展基础薄弱、社会事业发展相对滞后的脱贫县中,确定一批国家乡村振兴重点帮扶县,从财政、金融、土地、人才、基础设施建设、公共服务等方面给予集中支持,增强其区域发展能力。支持各地在脱贫县中自主选择一部分县作为乡村振兴重点帮扶县。支持革命老区、民族地区、边疆地区巩固脱贫攻坚成果和乡村振兴。建立跟踪监测机制,对乡村振兴重点帮扶县进行定期监测评估。

(十六)坚持和完善东西部协作和对口支援、社会力量参与帮扶机制。继续坚持并完善东西部协作机制,在保持现有结对关系基本稳定和加强现有经济联系的基础上,调整优化结对帮扶关系,将现行一对多、多对一的帮扶办法，调整为原则上一个东部地区省份帮扶一个西部地区省份的长期固定结对帮扶关系。省际间要做好帮扶关系的衔接，防止出现工作断档、力量弱化。中部地区不再实施省际间结对帮扶。优化协作帮扶方式，在继续给予资金支持、援建项目基础上，进一步加强产业合作、劳务协作、人才支援，推进产业梯度转移，鼓励东西部共建产业园区。教育、文化、医疗卫生、科技等行业对口支援原则上纳入新的东西部协作结对关系。更加注重发挥市场作用，强化以企业合作为载体的帮扶协作。继续坚持定点帮扶机制，适当予以调整优化，安排有能力的部门、单位和企业承担更多责任。军队持续推进定点帮扶工作，健全完善长效机制，巩固提升帮扶成效。继续实施"万企帮万村"行动。定期对东西部协作和定点帮扶成效进行考核评价。

七、加强脱贫攻坚与乡村振兴政策有效衔接

（十七）做好财政投入政策衔接。过渡期内在保持财政支持政策总体稳定的前提下，根据巩固拓展脱贫攻坚成果同乡村振兴有效衔接的需要和财力状况，合理安排财政投入规模，优化支出结构，调整支持重点。保留并调整优化原财政专项扶贫资金，聚焦支持脱贫地区巩固拓展脱贫攻坚成果和乡村振兴，适当向国家乡村振兴重点帮扶县倾斜，并逐步提高用于产业发展的比例。各地要用好城乡建设用地增减挂钩政策，统筹地方可支配财力，支持"十三五"易地扶贫搬迁融资资金偿还。对农村低收入人口的救助帮扶，通过现有资金支出渠道支持。过渡期前3年脱贫县继续实行涉农资金统筹整合试点政策，此后调整至国家乡村振兴重点帮扶县实施，其他地区探索建立涉农资金整合长效机制。确保以工代赈中央预算内投资落实到项目，及时足额发放劳务报酬。现有财政相关转移支付继续倾斜支持脱贫地区。对支持脱贫地区产业发展效果明显的贷款贴息、政府采购等政策，在调整优化基础上继续实施。过渡期内延续脱贫攻坚相关税收优惠政策。

（十八）做好金融服务政策衔接。继续发挥再贷款作用，现有再贷款帮扶政策在展期期间保持不变。进一步完善针对脱贫人口的小额信贷政策。

对有较大贷款资金需求、符合贷款条件的对象，鼓励其申请创业担保贷款政策支持。加大对脱贫地区优势特色产业信贷和保险支持力度。鼓励各地因地制宜开发优势特色农产品保险。对脱贫地区继续实施企业上市"绿色通道"政策。探索农产品期货期权和农业保险联动。

（十九）做好土地支持政策衔接。坚持最严格耕地保护制度，强化耕地保护主体责任，严格控制非农建设占用耕地，坚决守住18亿亩耕地红线。以国土空间规划为依据，按照应保尽保原则，新增建设用地计划指标优先保障巩固拓展脱贫攻坚成果和乡村振兴用地需要，过渡期内专项安排脱贫县年度新增建设用地计划指标，专项指标不得挪用；原深度贫困地区计划指标不足的，由所在省份协调解决。过渡期内，对脱贫地区继续实施城乡建设用地增减挂钩节余指标省内交易政策；在东西部协作和对口支援框架下，对现行政策进行调整完善，继续开展增减挂钩节余指标跨省域调剂。

（二十）做好人才智力支持政策衔接。延续脱贫攻坚期间各项人才智力支持政策，建立健全引导各类人才服务乡村振兴长效机制。继续实施农村义务教育阶段教师特岗计划、中小学幼儿园教师国家级培训计划、银龄讲学计划、乡村教师生活补助政策，优先满足脱贫地区对高素质教师的补充需求。继续实施高校毕业生"三支一扶"计划，继续实施重点高校定向招生专项计划。全科医生特岗和农村订单定向医学生免费培养计划优先向中西部地区倾斜。在国家乡村振兴重点帮扶县对农业科技推广人员探索"县管乡用、下沉到村"的新机制。继续支持脱贫户"两后生"接受职业教育，并按规定给予相应资助。鼓励和引导各方面人才向国家乡村振兴重点帮扶县基层流动。

八、全面加强党的集中统一领导

（二十一）做好领导体制衔接。健全中央统筹、省负总责、市县乡抓落实的工作机制，构建责任清晰、各负其责、执行有力的乡村振兴领导体制，层层压实责任。充分发挥中央和地方各级党委农村工作领导小组作用，建立统一高效的实现巩固拓展脱贫攻坚成果同乡村振兴有效衔接的决策议事协调工作机制。

(二十二)做好工作体系衔接。脱贫攻坚任务完成后,要及时做好巩固拓展脱贫攻坚成果同全面推进乡村振兴在工作力量、组织保障、规划实施、项目建设、要素保障方面的有机结合,做到一盘棋、一体化推进。持续加强脱贫村党组织建设,选好用好管好乡村振兴带头人。对巩固拓展脱贫攻坚成果和乡村振兴任务重的村,继续选派驻村第一书记和工作队,健全常态化驻村工作机制。

(二十三)做好规划实施和项目建设衔接。将实现巩固拓展脱贫攻坚成果同乡村振兴有效衔接的重大举措纳入"十四五"规划。将脱贫地区巩固拓展脱贫攻坚成果和乡村振兴重大工程项目纳入"十四五"相关规划。科学编制"十四五"时期巩固拓展脱贫攻坚成果同乡村振兴有效衔接规划。

(二十四)做好考核机制衔接。脱贫攻坚任务完成后,脱贫地区开展乡村振兴考核时要把巩固拓展脱贫攻坚成果纳入市县党政领导班子和领导干部推进乡村振兴战略实绩考核范围。与高质量发展综合绩效评价做好衔接,科学设置考核指标,切实减轻基层负担。强化考核结果运用,将考核结果作为干部选拔任用、评先奖优、问责追责的重要参考。

决战脱贫攻坚目标任务胜利完成,我们要更加紧密地团结在以习近平同志为核心的党中央周围,乘势而上、埋头苦干,巩固拓展脱贫攻坚成果,全面推进乡村振兴,朝着全面建设社会主义现代化国家、实现第二个百年奋斗目标迈进。

Appendix 3

附录 3

中国人民银行 银保监会 证监会 财政部 农业农村部 关于金融服务乡村振兴的指导意见

中国人民银行 银保监会 证监会 财政部 农业农村部关于金融服务乡村振兴的指导意见

实施乡村振兴战略，是以习近平同志为核心的党中央作出的重大部署，是新时代做好“三农”工作的总抓手，是金融系统开展农村金融服务工作的根本遵循。按照《中共中央 国务院关于实施乡村振兴战略的意见》和《乡村振兴战略规划(2018—2022年)》有关要求，现就做好金融服务乡村振兴工作提出如下意见：

一、总体要求、目标和原则

(一)总体要求。

以习近平新时代中国特色社会主义思想为指导，紧紧围绕党的十九大关于实施乡村振兴战略的总体部署，按照产业兴旺、生态宜居、乡风文明、治理有效、生活富裕的总要求，坚持目标导向和问题导向相结合、市场运作和政策支持相结合，聚焦重点领域，深化改革创新，建立完善金融服务乡村振兴的市场体系、组织体系、产品体系，完善农村金融资源回流机制，把更多金融资源配置到农村重点领域和薄弱环节，更好满足乡村振兴多样化、多层次的金融需求，推动城乡融合发展。

(二)工作目标。

到2020年，金融服务乡村振兴实现以下目标：

金融精准扶贫力度不断加大。2020年以前，乡村振兴的重点就是脱贫攻坚。涉农银行业金融机构在贫困地区要优先满足精准扶贫信贷需求。新增金融资源要向深度贫困地区倾斜，深度贫困地区贷款增速力争每年高于所在省(区、市)贷款平均增速，力争每年深度贫困地区扶贫再贷款占所在省(区、市)的比重高于上年同期水平。

金融支农资源不断增加。涉农银行业金融机构涉农贷款余额高于上年,农户贷款和新型农业经营主体贷款保持较快增速。债券、股票等资本市场服务“三农”水平持续提升。农业保险险种持续增加,覆盖面有效提升。

农村金融服务持续改善。基本实现乡镇金融机构网点全覆盖,数字普惠金融在农村得到有效普及。农村支付服务环境持续改善,银行卡助农取款服务实现可持续发展,移动支付等新兴支付方式在农村地区得到普及应用。农村信用体系建设持续推进,农户及新型农业经营主体的融资增信机制显著改善。

涉农金融机构公司治理和支农能力明显提升。涉农金融机构差别化定价能力不断增强,农村金融产品和服务创新加快推进,涉农贷款风险管理持续改进,确保涉农不良贷款水平稳定在可控范围,县域法人金融机构商业可持续性明显改善,金融服务乡村振兴能力和水平持续提升。

中长期目标,到2035年,基本建立多层次、广覆盖、可持续、适度竞争、有序创新、风险可控的现代农村金融体系,金融服务能力和水平显著提升,农业农村发展的金融需求得到有效满足;到2050年,现代农村金融组织体系、政策体系、产品体系全面建立,城乡金融资源配置合理有序,城乡金融服务均等化全面实现。

(三)基本原则。

以市场化运作为导向。尊重市场规律,充分发挥市场机制在农村金融资源配置和定价中的决定性作用,通过运用低成本资金、增加增信措施等引导涉农贷款成本下行,推动金融机构建立收益覆盖成本的市场化服务模式,增强农村金融服务定价能力。

以机构改革为动力。持续深化全国政策性、商业性涉农金融机构改革,增强中长期信贷投放能力和差别化服务水平。规范县域法人金融机构公司治理,促进服务当地、支持城乡融合发展,增加农村金融资源有效供给。

以政策扶持为引导。加大货币政策支持力度,完善差异化监管,发挥财政资金对金融的引导和撬动作用。建立健全政府性融资担保和风险分担机制，发挥农业信贷担保体系和农业保险作用，弥补农业收益低风险高、信息不对称的短板，促进金融资源回流农村。

以防控风险为底线。金融机构要坚持信贷投放和风险防控两手抓，探索与服务乡村振兴相适应的资本补充渠道、合理回报机制和风险资本管理模式，提高法人治理水平，关注贷款质量，完善市场化风险处置机制，增强涉农业务风险防控能力，提高金融服务乡村振兴的可持续性。

二、坚持农村金融改革发展的正确方向，健全适合乡村振兴发展的金融服务组织体系

（四）鼓励开发性、政策性金融机构在业务范围内为乡村振兴提供中长期信贷支持。国家开发银行要按照开发性金融机构的定位，充分利用服务国家战略、市场运作、保本微利的优势，加大对乡村振兴的支持力度，培育农村经济增长动力。农业发展银行要坚持农业政策性银行职能定位，提高政治站位，在粮食安全、脱贫攻坚等重点领域和关键薄弱环节发挥主力和骨干作用。

（五）加大商业银行对乡村振兴支持力度。中国农业银行要强化面向“三农”、服务城乡的战略定位，进一步改革完善“三农”金融事业部体制机制，确保县域贷款增速持续高于全行平均水平，积极实施互联网金融服务“三农”工程，着力提高农村金融服务覆盖面和信贷渗透率。中国邮政储蓄银行要发挥好网点网络优势、资金优势和丰富的小额贷款专营经验，坚持零售商业银行的战略定位，以小额贷款、零售金融服务为抓手，突出做好乡村振兴领域中农户、新型经营主体、中小企业、建档立卡贫困户等小微普惠领域的金融服务，完善“三农”金融事业部运行机制，加大对县域地区的信贷投放，逐步提高县域存贷比并保持在合理范围内。股份制商业银行和城市商业银行要结合自身职能定位和业务优势，突出重点支持领域，围绕提升基础金融服务覆盖面、推动城乡资金融通等乡村振兴的重要环节，积极创新金融产品和服务方式，打造综合化特色化乡村振兴金融服务体系。

（六）强化农村中小金融机构支农主力军作用。农村信用社、农村商业银行、农村合作银行要坚持服务县域、支农支小的市场定位，保持县域农村金融机构法人地位和数量总体稳定。积极探索农村信用社省联社改革路径，理顺农村信用社管理体制，明确并强化农村信用社的独立法人地位，完善公司治理机制，保障股东权利，提高县域农村金融机构经营的独立性和规范化水平，淡化农村信用社省联社在人事、财务、业务等方面的行政管理职能，突出专业化服务功能。村镇银行要强化支农支小战略定力，向乡镇延伸服务触角。县域法人金融机构资金投放使用应以涉农业务为主，不得片面追求高收益。要把防控涉农贷款风险放在更加重要的位置，提高风险管控能力。积极发挥小额贷款公司等其他机构服务乡村振兴的有益补充作用，探索新型农村合作金融发展的有效途径，稳妥开展农民合作社内部信用合作试点。

三、明确金融重点支持领域，加大金融资源向乡村振兴重点领域和薄弱环节的倾斜力度

（七）不断加大金融精准扶贫力度，助力打赢脱贫攻坚战。加大对建档立卡贫困户的扶持力度，用好用足扶贫小额信贷、农户小额信用贷款、创业担保贷款、助学贷款、康复扶贫贷款等优惠政策，满足建档立卡贫困户生产、创业、就业、就学等合理贷款需求。推动金融扶贫和产业扶贫融合发展，按照穿透式原则，建立金融支持与企业带动贫困户脱贫的挂钩机制。

（八）围绕藏粮于地、藏粮于技，做好国家粮食安全金融服务。以国家确定的粮食生产功能区、重要农产品生产保护区和特色农产品优势区为重点，创新投融资模式，加大对高标准农田建设和农村土地整治的信贷支持力度，推进农业科技与资本有效对接，持续增加对现代种业提升、农业科技创新和成果转化的投入。结合粮食收储制度及价格形成机制的市场化改革，支持农业发展银行做好政策性粮食收储工作，探索支持多元市场主体进行市场化粮食收购的有效模式。

（九）聚焦产业兴旺，推动农村一二三产业融合发展。积极满足农田水利、农业科技研发、高端农机装备制造、农产品加工业、智慧农业产品技术研发推广、农产品冷链仓储物流及烘干等现代农业重点领域的合理融资需求，促进发展节水农业、高效农业、智慧农业、绿色农业。支持农业产业化龙头企业及联合体发展，延伸农业产业链，提高农产品附加值。充分发掘地区特色资源，支持探索农业与旅游、养老、健康等产业融合发展的有效模式，推动休闲农业、乡村旅游、特色民宿和农村康养等产业发展。加大对现代农业产业园、农业产业强镇等的金融支持力度，推动产村融合、产城融合发展。

（十）重点做好新型农业经营主体和小农户的金融服务，有效满足其经营发展的资金需求。针对不同主体的特点，建立分层分类的农业经营主体金融支持体系。鼓励家庭农场、农民合作社、农业社会化服务组织、龙头企业等新型农业经营主体通过土地流转、土地入股、生产性托管服务等多种形式实现规模经营，探索完善对各类新型农业经营主体的风险管理模式，增强金融资源承载力。鼓励发展农业供应链金融，将小农户纳入现代农业生产体系，强化利益联结机制，依托核心企业提高小农户和新型农业经营主体融资可得性。支持农业生产性服务业发展，推动实现农业节本增效。

（十一）做好农村产权制度改革金融服务，发展壮大农村集体经济。配合农村土地制度改革和农村集体产权制度改革部署，加快推动确权登记颁证、价值评估、交易流转、处置变现等配套机制建设，积极稳妥推广农村承包土地的经营权抵押贷款业务，结合宅基地“三权分置”改革试点进展稳妥开展农民住房财产权抵押贷款业务，推动集体经营性建设用地使用权、集体资产股份等依法合规予以抵押，促进农村土地资产和金融资源的有机衔接。结合农村集体经济组织登记赋码工作进展，加大对具有独立法人地位、集体资产清晰、现金流稳定的集体经济组织的金融支持力度。

四、强化金融产品和服务方式创新，更好满足乡村振兴多样化融资需求

（十二）积极拓宽农业农村抵质押物范围。推动厂房和大型农机具抵

押、圈舍和活体畜禽抵押、动产质押、仓单和应收账款质押、农业保单融资等信贷业务，依法合规推动形成全方位、多元化的农村资产抵质押融资模式。积极稳妥开展林权抵押贷款，探索创新抵押贷款模式。鼓励企业和农户通过融资租赁业务，解决农业大型机械、生产设备、加工设备购置更新资金不足问题。

（十三）创新金融机构内部信贷管理机制。各涉农银行业金融机构要单独制定涉农信贷年度目标任务，并在经济资本配置、内部资金转移定价、费用安排等方面给予一定倾斜。完善涉农业务部门和县域支行的差异化考核机制，落实涉农信贷业务的薪酬激励和尽职免责。适当下放信贷审批权限，推动分支机构尤其是县域存贷比偏低的分支机构，加大涉农信贷投放。在商业可持续的基础上简化贷款审批流程，合理确定贷款的额度、利率和期限，鼓励开展与农业生产经营周期相匹配的流动资金贷款和中长期贷款等业务。

（十四）推动新技术在农村金融领域的应用推广。规范互联网金融在农村地区的发展，积极运用大数据、区块链等技术，提高涉农信贷风险的识别、监控、预警和处置水平。加强涉农信贷数据的积累和共享，通过客户信息整合和筛选，创新农村经营主体信用评价模式，在有效做好风险防范的前提下，逐步提升发放信用贷款的比重。鼓励金融机构开发针对农村电商的专属贷款产品和小额支付结算功能，打通农村电商资金链条。

（十五）完善“三农”绿色金融产品和服务体系。完善绿色信贷体系，鼓励银行业金融机构加快创新“三农”绿色金融产品和服务，通过发行绿色金融债券等方式，筹集资金用于支持污染防治、清洁能源、节水、生态保护、绿色农业等绿色领域，助力打好污染防治攻坚战。加强绿色债券后续监督管理，确保资金专款专用。

五、建立健全多渠道资金供给体系，拓宽乡村振兴融资来源

（十六）加大多层次资本市场的支持力度。支持符合条件的涉农企业在

主板、中小板、创业板以及新三板等上市和挂牌融资，规范发展区域性股权市场。加强再融资监管，规范涉农上市公司募集资金投向，避免资金“脱实向虚”。鼓励中介机构适当降低针对涉农企业上市和再融资的中介费用。在门槛不降低的前提下，继续对国家级贫困地区的企业首次公开募股（IPO）、新三板挂牌、公司债发行、并购重组开辟绿色通道。健全风险投资引导机制，积极引导风险资金投早投小，加大对初创期涉农企业的支持力度。鼓励有条件的地区发起设立乡村振兴投资基金，推动农业产业整合和转型升级。

（十七）创新债券市场融资工具和产品。鼓励地方政府发行一般债券，用于农村人居环境整治、高标准农田建设等领域。支持地方政府根据乡村振兴项目资金需求，试点发行项目融资和收益自平衡的专项债券。鼓励商业银行发行“三农”专项金融债券，募集资金用于支持符合条件的乡村振兴项目建设。加大对非金融企业债务融资工具的宣传力度，支持对优质涉农企业开辟注册发行绿色通道，在满足信息披露要求的前提下简化注册发行流程。

（十八）发挥期货市场价格发现和风险分散功能。加快推动农产品期货品种开发上市，创新推出大宗畜产品、经济作物等期货交易，丰富农产品期货品种。积极运用期货价格信息引导农业经营者优化种植结构，完善农产品期货交易、交割规则。创新农产品期权品种，改进白糖、豆粕期权规则，加快推进并择机推出玉米、棉花等期权合约，丰富农业风险管理手段。稳步扩大“保险＋期货”试点，探索“订单农业＋保险＋期货（权）”试点，探索建立农业补贴、涉农信贷、农产品期货（权）和农业保险联动机制，形成金融支农综合体系。

（十九）持续提高农业保险的保障水平。科学确定农业保险保费补贴机制，鼓励有条件的地方政府结合财力加大财政补贴力度，拓宽财政补贴险种，合理确定农业经营主体承担的保费水平。探索开展地方特色农产品保险以奖代补政策试点。落实农业保险大灾风险准备金制度，组建中国农业再保险公司,完善农业再保险体系。逐步扩大农业大灾保险、完全成本保险和收入保险试点范围。引导保险机构到农村地区设立基层服务网点,下沉服务重心,实现西藏自治区保险机构地市级全覆盖,其他省份保险机构县级全覆盖。

六、加强金融基础设施建设,营造良好的农村金融生态环境

(二十)在可持续的前提下全面提升农村地区支付服务水平。大力推动移动支付等新兴支付方式的普及应用,鼓励和支持各类支付服务主体到农村地区开展业务,积极引导移动支付便民工程全面向乡村延伸,推广符合农村农业农民需要的移动支付等新型支付产品。推动银行卡助农取款服务规范可持续发展,鼓励支持助农取款服务与信息进村入户、农村电商、城乡社会保障等合作共建,提升服务点网络价值。推动支付结算服务从服务农民生活向服务农业生产、农村生态有效延伸,不断优化银行账户服务,加强风险防范,持续开展宣传,促进农村支付服务环境建设可持续发展。

(二十一)加快推进农村信用体系建设。按照政府主导、人民银行牵头、各方参与、服务社会的整体思路,全面开展信用乡镇、信用村、信用户创建活动,发挥信用信息服务农村经济主体融资功能。强化部门间信息互联互通,推行守信联合激励和失信联合惩戒机制,不断提高农村地区各类经济主体的信用意识,优化农村金融生态环境。稳步推进农户、家庭农场、农民合作社、农业社会化服务组织、农村企业等经济主体电子信用档案建设,多渠道整合社会信用信息,完善信用评价与共享机制,促进农村地区信息、信用、信贷联动。

(二十二)强化农村地区金融消费权益保护。深入开展“金惠工程”、“金融知识普及月”等金融知识普及活动,实现农村地区金融宣传教育全覆盖。加大金融消费权益保护宣传力度,增强农村金融消费者的风险意识和识别违法违规金融活动的能力。规范金融机构业务行为,加强信息披露和风险提示,畅通消费者投诉的处理渠道,构建农村地区良好的金融生态环境。

七、完善政策保障体系，强化政策激励和约束

（二十三）加大货币政策支持力度。发挥好差别化存款准备金工具的正向激励作用，引导金融机构加强对乡村振兴的金融支持。加大再贷款、再贴现支持力度。根据乡村振兴金融需求合理确定再贷款的期限、额度和发放时间，提高资金使用效率。加强再贷款台账管理和效果评估，确保支农再贷款资金全部用于发放涉农贷款，再贷款优惠利率政策有效传导至涉农经济实体。

（二十四）更好发挥财政支持撬动作用。更好地发挥县域金融机构涉农贷款增量奖励等政策的激励作用，引导县域金融机构将吸收的存款主要投放当地。健全农业信贷担保体系，推动农业信贷担保服务网络向市县延伸，扩大在保贷款余额和在保项目数量。充分发挥国家融资担保基金作用，引导更多金融资源支持乡村振兴。落实金融机构向农户、小微企业及个体工商户发放小额贷款取得的利息收入免征增值税政策。鼓励地方政府通过财政补贴等措施支持农村地区尤其是贫困地区支付服务环境建设，引导更多支付结算主体、人员、机具等资源投向农村贫困地区。

（二十五）完善差异化监管体系。适当放宽"三农"专项金融债券的发行条件，取消"最近两年涉农贷款年度增速高于全部贷款平均增速或增量高于上年同期水平"的要求。适度提高涉农贷款不良容忍度，涉农贷款不良率高出自身各项贷款不良率年度目标2个百分点（含）以内的，可不作为银行业金融机构内部考核评价的扣分因素。

（二十六）推动完善农村金融改革试点相关法律和规章制度。配合乡村振兴相关法律法规的研究制定，研究推动农村金融立法工作，强化农村金融法律保障。结合农村承包土地的经营权和农民住房财产权抵押贷款试点经验，推动修改完善农村土地承包法等法律法规，使农村承包土地的经营权和农民住房财产权抵押贷款业务有法可依。

八、加强组织领导，有效推动政策落实

（二十七）强化党对农村金融工作的领导。全面做好金融服务乡村振兴工作，要以习近平总书记关于“三农”工作、乡村振兴工作的重要论述为指导，切实加强党对农村金融工作的领导。各金融机构要切实加强组织领导，由总行（总部）一把手直接抓乡村振兴，各级分支机构一把手切实承担起政策落实的第一责任，为农村金融发展提供坚强组织保障。

（二十八）开展金融机构服务乡村振兴考核评估。根据乡村振兴战略目标，加强乡村振兴领域贷款监测，在完善新型农业经营主体认定标准的基础上，探索建立家庭农场、农民合作社等新型农业经营主体贷款统计，及时动态跟踪金融机构服务乡村振兴的工作进展。建立金融机构服务乡村振兴考核评估制度，从定性指标和定量指标两大方面对金融机构进行评估，定期通报评估结果，并作为实施货币政策、金融市场业务准入、开展宏观审慎评估、差别化监管、财政支持等工作的重要参考依据。

（二十九）抓好推进落实和经验宣传。人民银行分支机构要会同银行保险监管、证券监管、财政、农业农村等部门，根据本意见细化辖区服务乡村振兴的目标任务和部门分工，扎实推进各项工作举措落地见效。鼓励具备条件的地区，加大农村金融改革力度，依照程序建设金融服务乡村振兴试验区，开展先行先试，加强典型经验宣传推广，确保政策惠及乡村振兴重点领域。

中国人民银行 银保监会

证监会 财政部 农业农村部

2019年1月29日

参考文献

References

[1] 曹兵妥，李仙娥. 村域脱贫攻坚与乡村振兴的衔接机制及路径[J]. 西北农林科技大学学报(社会科学版)，2021，21(4)：9-16.

[2] 陈沐泽. 加强农村金融顶层设计助力乡村振兴战略实施[J]. 农经，2021(6)：34-38.

[3] 陈鹏，李建贵. 财政支农资金的减贫增收效应分析[J]. 西北农林科技大学学报(社会科学版)，2018，18(5)：137-145.

[4] 陈仁安. 日本农协改革新动向观察[J]. 世界农业，2018(1)：53-59.

[5] 陈仕彬. 探究农村金融创新与农村经济实体发展[J]. 全国流通经济，2019(7)：110-111.

[6] 陈燕妮. 马克思恩格斯城乡融合思想对推进我国城乡一体化发展的现实启示[J]. 济宁学院学报，2017，38(3)：14-21.

[7] 丁志国，张洋，覃朝晖. 中国农村金融发展的路径选择与政策效果[J]. 农业经济问题，2016，37(1)：68-75.

[8] 董玮，秦国伟，于法稳. 脱贫攻坚与乡村振兴的有效衔接：转换与调适：基

于公共政策的视角[J]. 农村经济，2021(9)：64-72.
[9] 费孝通. 乡土中国[M]. 北京：北京大学出版社，2012.
[10] 付少平，石广洲. 乡村振兴背景下脱贫人口面临的生计风险及其防范[J]. 西北农林科技大学学报(社会科学版)，2021，21(1)：19-28.
[11] 高强. 脱贫攻坚与乡村振兴的统筹衔接：形势任务与战略转型[J]. 中国人民大学学报，2020，34(6)：29-39.
[12] 高玉强，宋群. 中国省域财政支农支出的减贫效率研究[J]. 中南林业科技大学学报(社会科学版)，2020，14(1)：59-65，100.
[13] 格林鲍姆，塔克，布特. 现代金融中介机构[M]. 应展宇，译. 北京：机械工业出版社，2020.
[14] 耿达. 民族地区脱贫攻坚与乡村振兴有效衔接的文化路径：基于一个少数民族村寨的文化扶贫实践[J]. 思想战线，2021，47(5)：130-139.
[15] 郭振海. 印度巴西农村金融发展启示[J]. 中国金融，2016(8)：73-75.
[16] 贺雪峰. 治村[M]. 北京：北京大学出版社，2017.
[17] 黄承伟. 脱贫攻坚有效衔接乡村振兴的三重逻辑及演进展望[J]. 兰州大学学报(社会科学版)，2021，49(6)：1-9.
[18] 黄晓敏. 四川省农村经济发展与农村金融发展问题研究[J]. 营销界，2020(13)：100-101.
[19] 黄祖辉，钱泽森. 做好巩固拓展脱贫攻坚成果同乡村振兴有效衔接[J]. 南京农业大学学报(社会科学版)，2021，21(6)：54-61.
[20] 晋自力. 农村金融创新存在的问题与对策[J]. 产业与科技论坛，2018，17(21)：211-212.
[21] 冷岩峰. 发展农村金融做好对于农业经济发展的支持[J]. 现代商业，2018(34)：81-82.
[22] 李拔豪. 农村金融助力乡村振兴路径探讨[J]. 中国商论，2020(6)：42-43.
[23] 李博，苏武峥. 欠发达地区巩固拓展脱贫攻坚成果同乡村振兴有效衔接

的治理逻辑与政策优化[J].南京农业大学学报(社会科学版),2021,21(6):71-79.
[24] 李刚,谢卓军."乡村振兴"战略下的甘肃省农地金融发展研究[J].北方经济,2018(6):77-80.
[25] 李汉卿.基于农民增收视角的农村金融创新发展研究[J].时代金融,2018(11):68-69,74.
[26] 李皓.绿色金融支持乡村振兴战略的思考[J].金融博览,2018(4):16-17.
[27] 李菊香.乡村振兴视角下甘肃省农村金融支持策略研究[J].时代经贸,2021,18(5):80-83.
[28] 李文红.乡村振兴战略下农村产业结构调整对策研究[J].纳税,2018(13):168-169.
[29] 梁漱溟.乡村建设理论[M].北京:商务印书馆,2015.
[30] 梁新莉,胡哲文.新时代乡村振兴战略的必要性探析:基于波兰尼"双向运动"视角[J].湖北工程学院学报,2018,38(5):123-126.
[31] 廖彩荣,陈美球.乡村振兴战略的理论逻辑、科学内涵与实现路径[J].农林经济管理学报,2017,16(6):795-802.
[32] 刘建生,邱俊柯.从脱贫攻坚到乡村振兴:内生活力的政策体系与治理机制研究[J].农村经济,2021(4):18-24.
[33] 刘赛红,王志飞.农村信贷投入、农业振兴与城乡居民收入差距研究[J].云南财经大学学报,2019,35(3):94-104.
[34] 刘欣.国家精准扶贫政策的乡村执行[M].武汉:武汉大学出版社,2020.
[35] 龙花楼,陈坤秋.实现巩固拓展脱贫攻坚成果同乡村振兴有效衔接:研究框架与展望[J].经济地理,2021,41(8):1-9.
[36] 鲁可荣,杨亮承.从精准扶贫迈向乡村振兴[M].昆明:云南大学出版社,2019.

[37] 吕方.脱贫攻坚与乡村振兴衔接:知识逻辑与现实路径[J].南京农业大学学报(社会科学版),2020,20(4):35-41.

[38] 毛晖,余爽,张胜楠.财政支农支出绩效的区域差异:测算与分解[J].经济经纬,2018,35(3):144-152.

[39] 蒲实.新时代乡村振兴战略:理论、政策与实践[M].北京:国家行政学院出版社,2019.

[40] 乔治.进步与贫困[M].吴良健,王翼龙,译.北京:商务印书馆,2017.

[41] 舒尔茨.经济增长与农业[M].郭熙保,译.北京:中国人民大学出版社,2014.

[42] 孙久文,李方方,张静.巩固拓展脱贫攻坚成果 加快落后地区乡村振兴[J].西北师大学报(社会科学版),2021,58(3):5-15.

[43] 孙馨月,陈艳珍.论脱贫攻坚与乡村振兴的衔接逻辑[J].经济问题,2020(9):12-17.

[44] 覃志敏.脱贫攻坚与乡村振兴衔接:基层案例评析[M].北京:人民出版社,2020.

[45] 唐红涛,李胜楠.电子商务、脱贫攻坚与乡村振兴:作用及其路径[J].广东财经大学学报,2020,35(6):65-77.

[46] 唐任伍.脱贫攻坚与乡村振兴有效衔接的田东样本[J].人民论坛,2020(36):110-111.

[47] 涂圣伟.中国乡村振兴的制度创新之路[M].北京:社会科学文献出版社,2019.

[48] 王春城,王帅."十四五"财政政策供给的继承与创新:着眼脱贫攻坚与乡村振兴有效衔接[J].地方财政研究,2021(1):27-32,43.

[49] 王宏杰.收入平等目标下的农村扶贫政策研究[M].北京:科学出版社,2017.

[50] 王琪,林晓悦.农村金融在农业经济发展中的作用研究[J].山东农业工程学院学报,2019,36(8):5-6.

[51] 王树林,夏冰.乡村振兴战略背景下农村金融改革问题研究[J].吉林金融研究,2018(9):37-42.

[52] 王野田,李琼,单言,等.印度农业再保险体系运行模式及其启示[J].保险研究,2019(1):45-57.

[53] 王志刚,封启帆.巩固贫困治理策略:从精准脱贫到乡村振兴[J].财经问题研究,2021(10):14-23.

[54] 温美荣,王帅.政策协同视角下脱贫攻坚成果同乡村振兴的有效衔接[J].西北农林科技大学学报(社会科学版),2021,21(5):10-19.

[55] 温铁军,张孝德.乡村振兴十人谈:乡村振兴战略深度解读[M].南昌:江西教育出版社,2018.

[56] 吴寅恺.脱贫攻坚和乡村振兴有效衔接中金融科技的作用及思考[J].学术界,2020(12):147-153.

[57] 谢婷婷,张慧伟,孙卫青.金融支持新疆乡村振兴的实证研究:基于系统耦合视角[J].新疆农垦经济,2019(10):1-9.

[58] 徐勇.乡村治理的中国根基与变迁[M].北京:中国社会科学出版社,2018.

[59] 薛无瑕,金仝仝.农村金融综合改革试验区:瑞安之探索实践[J].当代金融研究,2019(3):120-130.

[60] 颜德如,张玉强.脱贫攻坚与乡村振兴的逻辑关系及其衔接[J].社会科学战线,2021(8):167-175.

[61] 叶敬忠.从脱贫攻坚到乡村振兴:脱贫地区内的衔接抑或发展时代间的转型?[J].社会发展研究,2021,8(3):1-10.

[62] 岳国芳.脱贫攻坚与乡村振兴的衔接机制构建[J].经济问题,2020(8):107-113.

[63] 翟军亮,吴春梅.乡村振兴战略背景下农村基层党组织建设的困境与出路[J].华中农业大学学报(社会科学版),2018(3):1-8.

[64] 张慧敏.互联网金融助推农村金融发展[J].中共合肥市委党校学报,

2019(3):58-60,64.

[65] 张静宜,陈洁.强化乡村人才支撑有效供给实现脱贫攻坚乡村振兴有效衔接[J].宏观经济管理,2021(8):54-60.

[66] 张琦.巩固拓展脱贫攻坚成果同乡村振兴有效衔接:基于贫困治理绩效评估的视角[J].贵州社会科学,2021(1):144-151.

[67] 张婷婷,宋婷婷.乡村振兴背景下我国农村金融发展问题研究[J].智库时代,2019(27):26-27,36.

[68] 郑瑞强,郭如良."双循环"格局下脱贫攻坚与乡村振兴有效衔接的进路研究[J].华中农业大学学报(社会科学版),2021(3):19-29.

[69] 中共中央党史和文献研究院.习近平扶贫论述摘编[M].北京:中央文献出版社,2018.

[70] 中共中央党史和文献研究院.习近平关于"三农"工作论述摘编[M].北京:中央文献出版社,2019.

[71] 周国华,于雪霞,贺艳华,等.湖南省巩固脱贫攻坚成果同乡村振兴有效衔接的思考[J].经济地理,2021,41(8):10-18.

[72] 朱启臻.把根留住:基于乡村价值的乡村振兴[M].北京:中国农业大学出版社,2019.